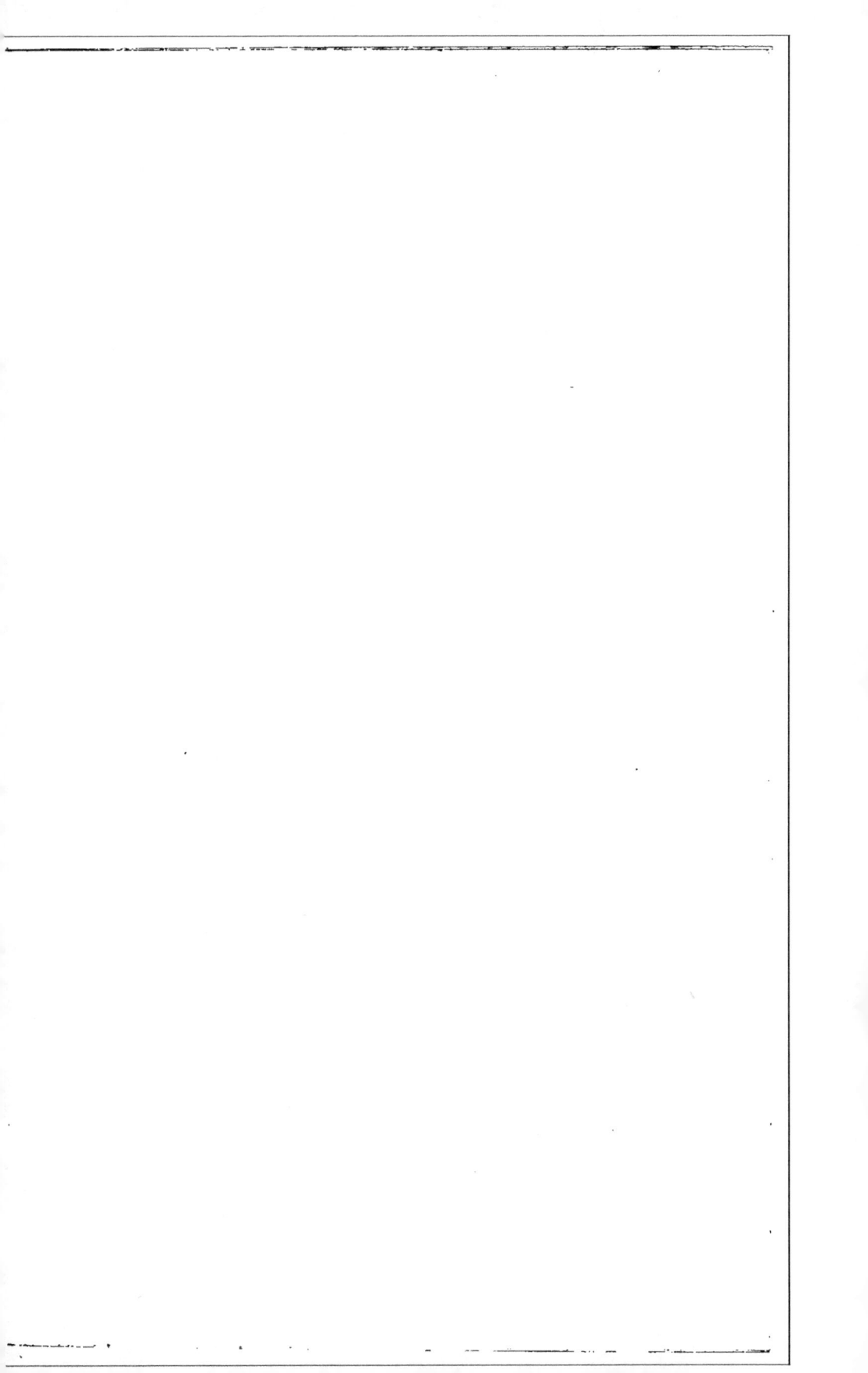

$L\flat^{5}_{5}A$

BATAILLE

DE CRÉCY

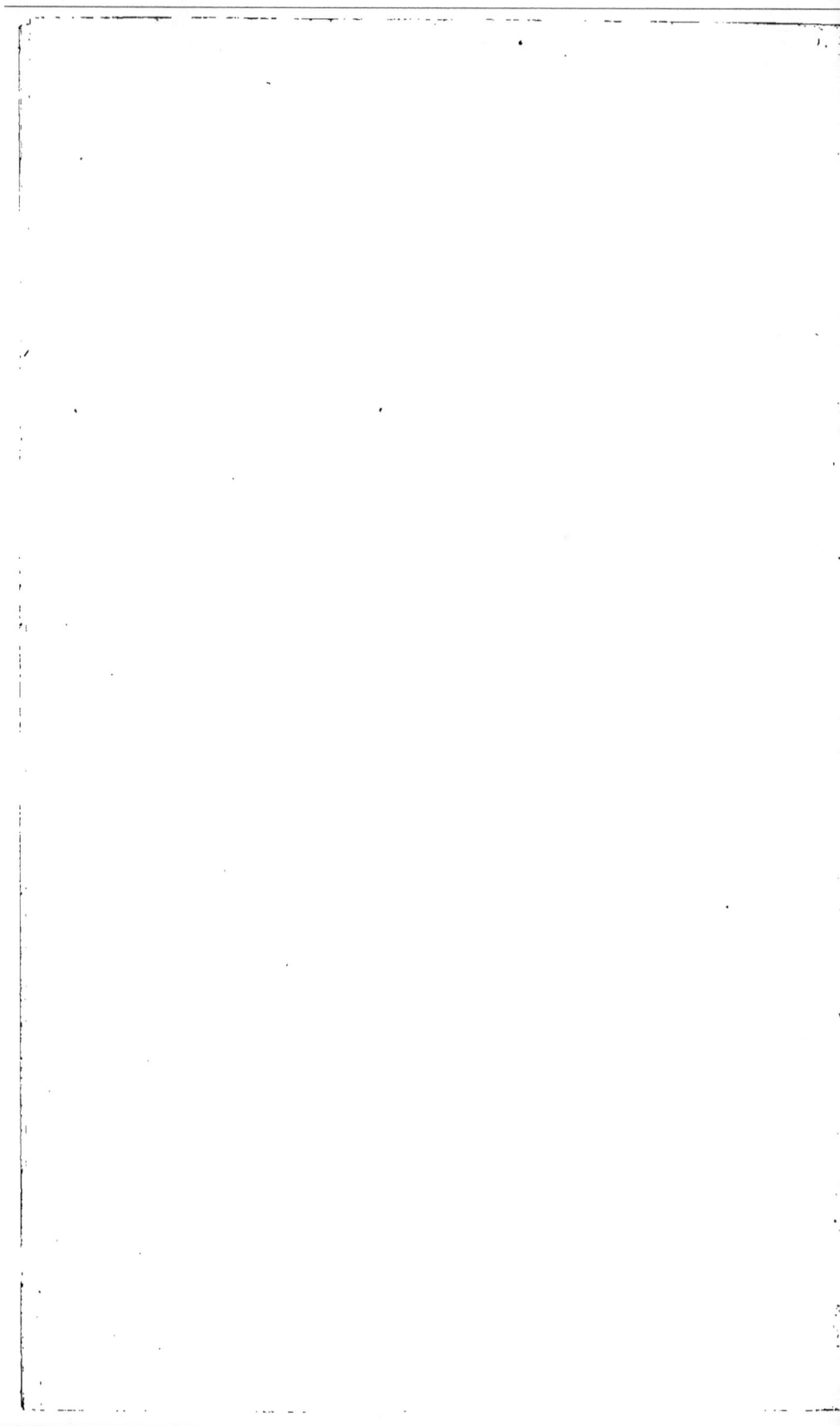

BATAILLE

DE CRÉCY

Marche et Position des armées Française et Anglaise
rectifiées,

AVEC UNE CARTE,

Par le Baron Seymour de Constant.

DEUXIÈME ÉDITION,

Augmentée de quelques observations sur un Mémoire
récemment publié sur le même sujet.

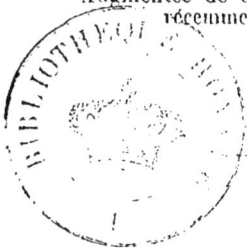

ABBEVILLE,

Chez T. Jeunet, Imprimeur-Libraire, rue Saint-Gilles, 108.

PARIS,

Chez J.-B. Dumoulin, quai des Augustins, 13.

1846.

Abbeville, imp. JEUNET, rue Saint-Gilles, 108.

AVERTISSEMENT.

———

Notre intention n'est nullement d'entrer dans des détails circonstanciés sur la bataille de Crécy en Ponthieu : la renommée a suffisamment publié les malheurs et les hauts faits des héros de cette mémorable journée. Nous nous bornerons, dans ce court exposé, à rectifier la marche et la position des armées respectives, sur lesquelles, à peu près, tous les historiens anciens et même modernes induisent en erreur, faute d'informations locales suffisantes. Connaissant fort bien Crécy et ses alentours, pour les avoir habités, nous croyons pouvoir hasarder une opinion à cet égard. Pour éclairer notre marche dans le dédale de contradictions où ces auteurs, en traitant ce sujet, se fourvoyent, nous avons souvent eu recours, et avec fruit, à ces vieux souvenirs qui, se perpétuant de générations en générations, s'enveloppent, en roulant dans l'immensité des siècles, d'un épais vernis de faits fabuleux ou superstitieux, lesquels présentent cependant à l'observateur un fond de réalité dont il se saisit avec empressement, comme d'une pierre précieuse trouvée au milieu de décombres.

Un vieux donjon en ruines, un arbre centenaire, un petit coin de terre oublié, où reposent des restes glorieux, ou une simple croix de pierre recouverte de mousse, par leurs dénominations, nous ont souvent mis sur la voie des faits les plus importants. Ces témoins muets des temps les plus reculés faisaient reluire pour nous un éclair de vérité au milieu d'un gouffre de ténèbres.

La lecture de ces lignes ne peut convenir au lecteur qui cherche à contenter le besoin de fortes émotions ; mais elle peut intéresser l'homme qui recherche la vérité partout où il a l'espoir de la trouver.

Si nous avons réussi à satisfaire cette ambition honorable, nous nous trouverons amplement récompensé de nos efforts, pour arriver au moins au vraisemblable.

Nous reproduisons ici les cinq premiers chapitres, tels qu'ils se trouvent dans la première édition, sauf quelques légères variations qui regardent plutôt la forme que le fond. Les chapitres suivants, tous nouveaux, que des circonstances imprévues ont empêché de communiquer au public l'année passée, présenteront quelques observations sur un mémoire plein d'intérêt sur le même sujet, publié par un officier supérieur distingué, qui, tout en s'écartant des données reçues par l'histoire et par les chroniques locales, a néanmoins produit une œuvre remar-

quable, tout-à-fait en dehors du chemin
battu jusqu'à ce jour.

Rue

Arry

Bernay

Nord

Crécy grange

Vadiécourt

Branlicourt

Marais

Forêtmenhie

Forêt

de

Crécy

Crécy

la Croix

Entrée en Canal

Le Fontenil

Embouchure
de la Somme

Crotoy

Marais

Monthéville

St Valery

Noyelles

Tombes

Sailly-le-sec

Le Titre

La Motte Buleux

Noyelle

Chemin vert que suivit

Edouard allant à Crécy.

Abbeville

La Somme

Port

rivière

Laviers

Chemin d'Abbeville

Philippe de Valois. Chemin d'Abbeville à Hesdin.

ABBEVILLE

Lith. Vétou. Abbeville.

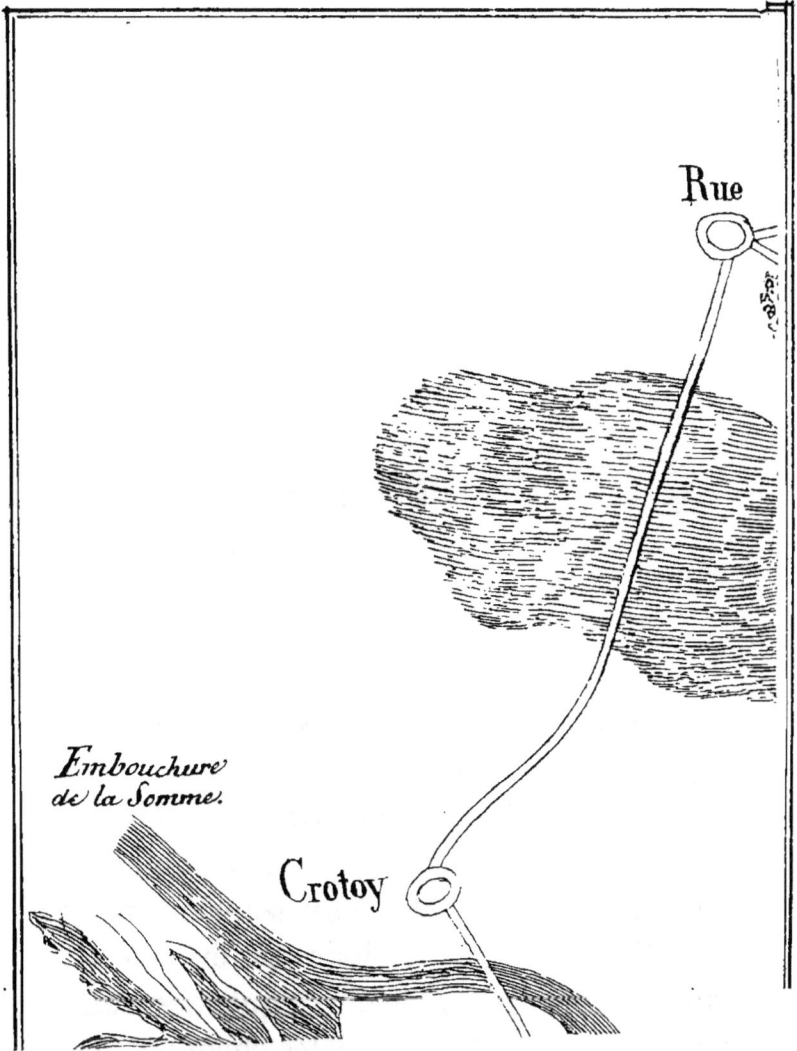

Rue

Embouchure
de la Somme.

Crotoy

CHAPITRE Ier.

Quoiqu'il soit pénible, sans doute, de reporter ses regards sur un désastre aussi déplorable que celui de la bataille de Crécy, il est cependant essentiel de surmonter ce sentiment d'un douloureux souvenir pour rétablir, dans son vrai jour, un évènement qui appartient à l'histoire, que des relations erronées, faites par des chroniqueurs anglais ou leurs crédules copistes, rendent encore plus incompréhensible. Ils ont

évidemment cherché, inspirés par l'énivre-
ment d'un succès inespéré, à relever par
des exagérations la gloire de leur pays
aux dépens du nôtre.

La bataille de Crécy, perdue inconsi-
dérément par Philippe de Valois, et donnée
vers les trois heures après-midi, le 26 août
1346, a eu beaucoup d'historiens qui sont
entrés dans des détails plus ou moins circonstanciés; mais la diversité de leurs opinions
prouve qu'ils se sont plus souvent fondés
sur des conjectures que sur un examen
scrupuleux des connaissances militaires
adaptées au local.

Edouard III venait de faire une campagne
assez difficile, pour qu'on puisse lui accor-
der le titre d'homme de guerre. C'est donc
sous ce rapport qu'il faut envisager sa
personne et sa conduite, afin de le faire
agir en chef expérimenté, dans les dispositions préliminaires de la bataille dont il est
question, sans cependant se dissimuler,
tout en admetant son habileté dans cette

circonstance critique, que les Français, trois fois plus nombreux, devaient, selon toutes les prévisions, anéantir les Anglais, quelque fût la prudence de leur roi, si la fatalité ne s'en fût mêlée.

Philippe de Valois ayant réuni à sa noblesse une multitude de gens, sortis de toutes les classes, mal armés, sans discipline et sans expérience de la guerre, que Mézerai fait monter à cent mille, d'autres historiens à cent vingt mille hommes, poursuivait l'armée anglaise, venant d'Oisemont, qu'il trouva avoir passé la Somme à Blanquetaque, guidé par un homme du pays, dit-on, nommé Gobin Agache, auquel Edouard donna cent pièces d'or, ou nobles d'Angleterre, pour lui en montrer le gué, que le corps de Saint-Valery franchit en 981. N'étant pas connu alors, on fut persuadé que les eaux du fleuve se séparèrent par miracle, comme celles de la mer Rouge, pour laisser passer cette précieuse relique.

Après une désastreuse retraite depuis

Passy, Edouard força ce gué, défendu par mille hommes d'armes et quatre mille hommes de pied, aucuns disent dix mille, commandés par Godemar de Fay qui battit en retraite, selon les uns, après une vaine résistance, et que d'autres accusent, sans preuves, de s'être entendu avec le roi d'Angleterre.

Joly de Mézerai, parlant d'après Froissart, dit, dans son *Traité de Tactique*, que le roi de France passa la rivière au même lieu, immédiatement après lui, ce qui n'est pas possible par la raison qu'on va voir. Le 25 août 1346, le flux et reflux avait périodiquement lieu comme aujourd'hui, de six heures en six heures ; en supposant qu'Edouard ait eu 25,000 hommes, nombre sur lequel on n'est pas plus d'accord que sur celui de l'armée française, et qu'il ait été rendu sur la rive gauche de la Somme pour y attendre le moment de la traverser, il a fallu qu'il fît des dispositions pour attaquer Godemar, qu'il le battît, puisqu'il est constant que le passage fut disputé avec vigueur ; qu'il fît préalablement sonder le gué, et, postérieurement à ces deux opérations, qu'il eût le temps de faire passer ses équipages, que l'histoire ne dit nulle part avoir été pris. Nous croyons donc pouvoir assurer qu'il est moralement impossible d'exécuter plus de choses en six heures de temps, époque du retour de la mer, que ne le fit Édouard.

On peut conclure de là que Philippe de Valois ne passa pas la Somme immédiatement après le roi d'Angleterre, puisqu'il faudrait que, dans ces six mêmes heures que nous venons de prouver avoir été bien employées, on eut encore pu faire passer une seconde armée de cent mille hommes, ce qui n'est pas admissible.

Si Philippe de Valois était arrivé assez à temps pour joindre l'armée du roi d'Angleterre, est-il croyable que ce dernier ne l'eût pas attendu de l'autre côté de cette rivière pour lui en disputer le passage ?

C'était une circonstance unique pour une armée inférieure ; il est donc présumable que ce prince ne l'aurait pas laissée échapper. Il faut en conclure que le roi de France, ayant trouvé la mer haute à son arrivée à Blanquetaque, s'est déterminé à retourner à Abbeville pour y passer la Somme sur le pont de Talance, et, au lieu de poursuivre l'ennemi l'épée dans les reins, il perdit dans cette ville un temps précieux, qui donna à Édouard, qui le croyait sur ses talons, deux jours pour se reconnaître et pour prendre à loisir la position la plus avantageuse.

CHAPITRE II.

Après avoir discuté ce premier point ave
des raisons qui nous semblent victorieuses
il faut en venir à la marche de l'armée an
glaise pour se rendre de la Somme à Crécy
Plusieurs circonstances semblent prouve
qu'Edouard, après avoir démantelé le châ
teau de Noyelles-sur-Somme, vis-à-vis du
quel il passa la rivière, et non à Noyelles
en–Chaussée, comme le dit sans doute pa

mégarde M. Mazas, dans les détails qu'il donne sur la bataille de Crécy, se porta sur le village de Sailly-le-Sec et sur celui du Titre dont il incendia le château fort; de là sur le village de Lamotte-Buleux, d'où il gagna la route d'Hesdin à Notre-Dame de Foi, petite chapelle isolée, qu'il suivit jusqu'à Macheville, où il prit la route directe de Crécy. Depuis Noyelles jusqu'à Notre-Dame de Foi, il suivit toujours la chaussée, qu'on voit encore sous la forme d'un chemin vert qui, dans cette longueur, malgré les empiétements incessants, présente presque partout la largeur de nos routes modernes. Cette chaussée, qui paraît avoir communiqué du Hâvre par Noyelles (qu'on peut présumer avoir été une ville assez importante dans des temps très reculés) avec la Flandre, existe encore presque intacte jusqu'à Notre-Dame de Foi, et se retrouve ensuite sur plusieurs points, après avoir croisé la chaussée de Brunehaut, avec laquelle on la confond souvent, se dirigeant vers la

Flandre. Si Edouard n'eut pas craint de traverser une partie de la forêt, il eut pu prendre du Titre par Forêt-l'Abbaye, dont le château, appartenant aux Templiers, fut aussi détruit à cette époque, et gagner Crécy par la plus petite largeur de la forêt. Ce faisant, il suivait une ligne presque droite de Noyelles à ce bourg, et ne pouvait prendre de chemin plus court, ni qui fût meilleur ; les grandes routes n'étant pas connues alors. Ce qui semble confirmer que le roi d'Angleterre prit cette direction, c'est que, contre ce chemin vert entre Noyelles et Sailly, on découvre encore journellement des sarcophages entourés d'une grande quantité d'ossements épars qui pourraient bien être une protestation contre les accusations portées contre Godemar, sur lequel aucun des nombreux historiens Anglais que nous avons consultés, souvent enclins à ternir notre caractère national, ne portent cependant un doute de trahison. Si Philippe succomba avec cent mille hommes, Godemar pouvait être malheureux avec des communes mal disciplinées, mais non un lâche.

Comme il est plus probable que le projet d'Edouard était de marcher en Flandre que vers le Boulonnais, puisqu'il n'y avait pas d'autre asile pour son armée harassée et inférieure des trois quarts à celle qui le suivait ; ce que disent quelques écrivains n'est pas croyable, qu'ayant la belle grande route dont nous venons de parler devant lui (celle d'Abbeville à Montreuil-sur-Mer n'ayant existé que quatre cents ans après ces évènements), qui le menait droit à sa destination et qui ne lui présentait aucun obstacle, il ait pris la traverse après avoir franchi la Somme, pour gagner le chemin de Montreuil et ravagé Rue et le Crotoy en passant, ce qui était hors de sa route pour aller à Crécy. Il n'est pas croyable non plus qu'en chef expérimenté, il ait commis ensuite l'imprudence de traverser dans sa plus grande largeur l'immense forêt de Crécy, où il n'y avait pas de route tracée.

pour s'exposer à toutes les embûches dont une forêt présente le danger, et que de tous temps, un homme de guerre habile, comme on représente Édouard, cherche à éviter, surtout lorsqu'il peut avec plus de sécurité suivre un chemin découvert et beaucoup plus court, laissant à trois lieues à sa droite l'ennemi qui ne se pressait pas de le suivre, et la forêt, ou sa plus grande partie, à son choix, sur sa gauche. Un de ses maréchaux a pu sans doute prendre par Forêt-Montier, situé sur la route de Montreuil-sur-Mer, pour couvrir son aile gauche, pendant que le second se rapprochait d'Abbeville pour couvrir son aile droite. Le premier devait alors, de toute nécessité, traverser la forêt pour le rejoindre sur le lieu du combat, ne pouvant la tourner dans cette diretion sans faire beaucoup de chemin, et sans cependant pouvoir éviter de passer dans les bois qui lient cette forêt, presque sans discontinuer, avec Montreuil-sur Mer.

Edouard a donc, de toute probabilité,
dû passer la Maye sur le pont du château
de Crécy, près du lieu de l'action, et
l'évènement seul a pu justifier sa conduite
dans le parti qu'il a pris de se retrancher
et d'attendre les Français en cet endroit,
puisqu'en faisant une lieue de plus, il
mettait l'Authie entre l'armée française et
la sienne, et évitait par conséquent une
bataille dans laquelle, vu le petit nombre
de ses troupes, il avait tout à appréhender;
danger auquel il ne se serait sans doute
pas exposé s'il n'avait calculé l'activité de son
adversaire sur la sienne, qu'il devait croire
ne pas devoir lui laisser le temps de franchir
cette rivière.

CHAPITRE III.

Le peu d'accord qui existe entre les diffé-
rentes relations sur la position que prit le
roi d'Angleterre ne peut venir que d'un
manque de connaissances locales. Mézerai
n'aurait pas dit, s'il avait été sur les lieux,
ou s'il eut seulement examiné la carte, que
les Anglais avaient leur gauche à la forêt,
puisque pour lors ils eussent tourné le dos
à l'armée française, qu'il faut toujours supposer venir d'Abbeville; dans cette position,

l'ordre de la bataille se trouve interverti.
D'autres ont pensé qu'Edouard avait mis
sa droite à la forêt et sa gauche à la Maye,
à hauteur de Crécy; celle-ci n'eut pas été
militaire par plusieurs raisons: la première
est que l'on évite toujours d'engager une
action avec une rivière immédiatement derrière soi, surtout quand on veut se ménager,
en cas de malheur, une retraite; la
seconde, qu'on pouvait l'affamer dans son
camp, puisque ses derrières n'eussent été
que des bois, d'où on pouvait impunément
l'inquiéter, et la troisième, qu'il ne lui restait
aucune retraite, puisque Philippe de Valois,
occupant les hauteurs de Crécy, sur la rive
droite de la Maye, lui ôtait les moyens de
se retirer en Artois.

Différents historiens, en travaillant sur
cette matière, ont cherché à tirer des induc-
tions favorables à cette dernière opinion,
en disant que la grêle qui tomba pendant
la bataille et que les arbalétriers génevois
eurent au nez, prouvait suffisamment que

les Anglais étaient à l'ouest par rapport à
l'armée française, puisque les vents d'ouest
sont les seuls 'qui, dans cette saison,
amènent les orages.

Cette réflexion, juste en elle-même, peut
être d'un grand poids ; mais si ces auteurs
voulaient bien faire exécuter un à gauche à
toute l'armée anglaise, lui faire passer la
Maye, placer sa droite sur les hauteurs qui
sont au-dessus de Crécy et porter sa gauche
au-delà de Wadicourt, ils verraient l'armée
anglaise dans la même direction ; occupant
des hauteurs d'un accès difficile, sa droite
couverte par le bourg de Crécy et par
la Maye, sa gauche s'étendant du côté de
Wadicourt et dominant dans son front un
ravin en pente douce, nommé la Vallée des
Clercs.

Au lieu de grêle, il est bien plus probable
qu'une forte pluie qui détendit les cordes
des arbalètes des Génevois de l'armée française, leur donna dans la figure, pendant
que les archers anglais, préparés à tout

évènement, reposés et rafraîchis, ayant tenus leur arcs à couvert, profitèrent d'un rayon de soleil qui éblouissait leurs ennemis pour leur envoyer une nuée de traits, qui parvint tellement à son but, que l'on ne vit plus que confusion et terreur parmi ces arbalétriers.

Or, il est bon d'observer que dans le mois d'août, mois où se donna la bataille, il tombe quelquefois de la grêle d'orage en Picardie, mais bien plus fréquemment une pluie chassée par l'ouragan, si abondante, que de nos jours elle contrarie souvent encore les travaux agricoles. Cette humide tempête, venant de l'ouest et soulevée par la mer qui est dans cette direction, par rapport à la position de l'armée française, devait nécessairement beaucoup incommoder les arbalétriers, dans celle que le bon sens et la connaissance du terrain doit leur supposer. Cet ordre de bataille d'Edouard est d'autant plus militaire qu'il empêchait Philippe de Valois de se servir de sa gendarmerie avec succès ailleurs qu'à sa droite , et qu'il avait encore pour les Anglais celui de pouvoir , en cas de défaite, suivre la chaussée Brunehaut, pour aller passer l'Authie à Ponche ; étant vraisemblable qu'ils se seraient étendus par leur gauche , si l'armée française avait fait des mouvements par sa droite , qui eussent annoncé que son intention était de les prendre en flanc pour leur couper la re‑ traite.

C'est donc irrévocablement ici , c'est‑à‑ dire la droite à Crécy , la gauche à Wadi‑ court , qu'il faut fixer la position de l'armée anglaise , que la tradition indique pour être le champ de bataille , ainsi que le moulin, qui s'y trouve encore , pour le lieu où Édouard s'est tenu pendant l'action.

Philippe de Valois venant d'Abbeville par la route d'Hesdin , nommée quelquefois encore le *chemin de l'armée* , pour livrer bataille à l'ennemi campé auprès de Crécy , passa au‑dessus des sources de la Maye , et s'étendit par la droite. Il mit son armée

en bataille, la gauche en avant de Fontaine,
ayant Estrées derrière son centre, et sa
droite en arrière de Branlicourt. Si les
troupes se sont formées à mesure qu'elles
arrivaient, il est dans l'ordre que les
arbalétriers génevois, qui faisaient l'avant-
garde, aient été à la gauche, sur les hauteurs
au sortir du village de Fontaine, séparés par
la petite Vallée des Clercs du moulin et des
collines ou gradins où se tenaient les Anglais
attendant l'ennemi. Dans cette position,
ils avaient sans nul doute la pluie souvent
mêlée de grêle dans ces parages, en face,
et, fouettée par le vent de mer, elle devait
leur faire beaucoup de mal.

Comme tous les historiens s'accordent à
dire que les généraux ont fait attaquer les
archers génevois tout en arrivant, il est à
croire que l'affaire a commencé par la
gauche, et que l'ordre de la bataille n'a
jamais été parfaitement formé ; que les
troupes ont chargé à mesure qu'elles arrivaient, et que le Roi de France s'est porté à

la droite pour les former. Nous fondons
notre raisonnement à cet égard sur ce
qu'après la bataille perdue il s'est retiré au
château de Labroye qui, par cette disposition,
se trouvait en arrière de sa droite. Si l'on veut
réfléchir sur cette circonstance, on verra
qu'il fallait nécessairement que les deux
armées aient pris la position dans laquelle
nous les plaçons.

Le fort de l'action s'est passé dans la
Vallée des Clercs, c'est-à-dire à la gauche
de l'armée française, et c'est à la gauche
que la déroute a commencé; c'était donc la
gauche qu'on poursuivait. Dès lors, le Roi,
qui se trouvait à la droite, ne pouvait se
retirer que derrière la droite, et le derrière
de la droite était le château de Labroye, où
il arriva dans la nuit, après que l'étendard
royal eut été abattu, ayant eu deux chevaux
tués sous lui et reçu deux blessures, l'une
au col, l'autre à la cuisse. Le commandant
de ce fort voulant savoir qui demandait à
y entrer, on dit que Philippe répondit :

« *Ouvrez, c'est la fortune de la France.* » Ce qui eut été un bon mot bien mal placé, dans un moment où cette fortune était tellement compromise que la France était menacée de changer de maître.

Sans entrer dans des raisonnements alambiqués pour prouver l'à-propos de cette réponse, il est bien plus simple de croire qu'il ne put s'annoncer à ce châtelain, blessé et harassé de corps et d'esprit, comme il devait l'être après une si rude et si funeste journée, que comme *l'infortuné Roi de France*.

Gaillard, qui écrivit l'histoire de ce prince, dit qu'avec un profond mépris pour la science, il était ignorant, cruel et avare ; d'ailleurs vaillant, et généreux pour ses courtisans. Avec un tel caractère, il n'est guère probable qu'il fût enclin à débiter des plaisanteries ou des mots d'à-propos, surtout dans une circonstance aussi critique pour lui.

On a prétendu, sans preuve aucune, pour

pallier cette défaite, que les Anglais avaient
du canon. Le Roi de France pouvait en avoir
aussi, car il en existait en France à cette
époque. Dans l'incertitude sur cette circonstance, on doit attribuer la cause de ce
désastre à ce qu'Édouard commandait à une
armée de sujets aguerris, n'ayant pas d'autre
alternative que de vaincre ou de mourir, pendant que la majorité de l'armée de Philippe
était composée d'une réunion de communes
et de paysans, sans affection pour sa cause,
et sans discipline, où tout le monde commandait et où personne n'obéissait. Le
moindre signe d'Édouard était compris,
pendant que la voix du Roi de France était
méconnue. Trois mille gentilshommes, l'é-
lite de la noblesse française, périrent à Crécy,
ce qui peut faire juger de la perte totale, que
des calculs, sans doute exagérés, font monter
à trente mille hommes. Les Anglais portent la
leur à un écuyer, trois chevaliers, et à
quelques combattants d'un ordre inférieur ;
ce qui ressemble fort à un bulletin de la

grande armée de nos jours, dont cependant
la gloire ne pouvait être rehaussée par d'offi-
cieux mensonges.

CHAPITRE IV.

Hume dit, en parlant des dispositions d'Edouard à la bataille de Crécy : « Il se réserva le commandement de la troisième ligne de bataille, pour porter du secours aux deux premières, ou assurer la retraite en cas de malheur. Il prit encore la précaution de retrancher son flanc pour se garantir des corps nombreux de Français qui pourraient l'attaquer de ce côté, et il plaça tout son bagage derrière lui, dans un

bois qu'il mit aussi à couvert des en-
treprises par un retranchement.»

Si l'armée anglaise avait eu sa droite à
la forêt, sa gauche à Crécy, ses flancs
eussent été suffisamment couverts, elle n'eut
pas été dans la nécessité d'en retrancher
un, et les équipages couverts par elle n'auraient pas eu besoin d'un retranchement
particulier.

Si les Anglais avaient pris position sur
la rive gauche de la Maye, à quel propos
les Français, qui les cherchaient avec la
volonté de les attaquer, auraient-ils passé
à la rive droite, venant d'Abbeville? Ils
eussent marché directement sur eux,
au lieu d'aller faire un détour pour tourner
la Maye à sa source, ou pour se donner
l'obstacle d'une rivière à passer, et dès
lors la Vallée des Clercs n'eut pas été le
lieu principal du combat.

Edouard avait en effet un flanc gauche
à retrancher, son armée n'étant pas assez
considérable pour occuper l'entre-deux de

la Maye à l'Authie. On trouvera dans le petit bois qui est en arrière de Crécy-Grange, celui où Hume dit que « les équipages de l'armée anglaise étaient retranchés, » placés naturellement où sont pour l'ordinaire les équipages d'une armée, c'est-à-dire derrière elle.

Sans savoir dans quelle source Mézerai a puisé les détails qu'il donne sur la bataille de Crécy, on peut les appliquer à la position décrite par les différents auteurs qui ont parlé de cette funeste journée.

Voici un autre argument que nous croyons victorieux. Est-il possible, si la bataille fut donnée à la rive gauche de la Maye, que pas un fuyard n'eut rencontré les communes de Beauvais et de Rouen qui venaient par Abbeville, et ne les eut averties que les Français venaient d'être battus, pour les préserver d'être taillées en pièces ; ce qu'elles furent effectivement par l'insatiable cruauté d'Édouard, qui ternit sa gloire dans cette journée, par le massa-

cre de tout ce qui lui tomba sous la main,
encore exaspéré qu'il était du danger
auquel il venait d'échapper, comme par
un miracle. Cela n'est pas dans l'ordre des
déroutes. Une armée battue dans un pays ou-
vert se disperse de tous les côtés, et la plupart
des fuyards suivent le chemin par lequel ils
sont venus. On peut en conclure que la
Maye, grossie par l'orage, servait de direction
à l'armée française dans sa fuite, et qu'allant
droit devant elle, elle s'est retirée sur
Noyelles-en-Chaussée, Maison-Ponthieu et
autres lieux tirant vers Amiens.

Si Froissart n'était pas un écrivain par-
tial, peu porté pour Philippe de Valois,
qui méprisait les clercs, on pourrait croire,
vu le peu d'ordre qui régnait dans l'armée
Française, que sa droite y était dès la
veille de la bataille. Nous défions l'homme
de guerre le plus clairvoyant de rien com-
prendre aux positions respectives des armées, d'après les relations de cet auteur.
Il faut donc s'arrêter à dire : il y eut une

bataille à Crécy; les Anglais y ayant
devancé les Français de deux jours,
eurent le temps, à leur grande surprise,
de choisir leur position; et supposer,
d'après la connaissance des lieux, qu'ils
ont pris la meilleure et la plus confor-
me à la manière dont on se battait à
cette époque. Or, la meilleure que pouvait
prendre le roi d'Angleterre était d'occuper
les hauteurs qui s'étendent de Crécy à
Wadicourt : elles convenaient à l'infériorité
de son armée, ses ailes se trouvaient
appuyées et son front dominait la vallée
par laquelle on devait passer pour venir
à lui, lui laissant l'avantage du terrain,
soit pour la charge, soit pour les armes
de trait. Il est deux choses à observer :
la première qu'indépendamment de ce que
la renommée a transmis, que ce fut dans
la Vallée des Clercs que s'est passé le fort
du combat, que cette vallée est au-dessous
de la position que nous donnons à Edouard;
la seconde, que si, comme quelques

3

discoureurs ignorants l'ont prétendu, l'affaire s'était passée à la rive gauche de la Maye,
le Roi de France se serait retiré à Abbeville
au lieu d'aller à Labroye qui, d'après ce
que nous venons de dire, s'est trouvé en
arrière de la droite de son armée. Nous
croyons qu'il n'y a rien à objecter à cela,
d'autant moins que nous nous appuyons du
passage de l'histoire qui dit que le parc des
bagages était dans un petit bois derrière
l'armée anglaise, et qu'il n'y a dans toute
cette partie du pays que le bois de Crécy-
Grange auquel on puisse appliquer ce
passage.

CHAPITRE V.

Les dispositions de la bataille de Crécy prouvent à quel point l'art de la guerre était déchu depuis les beaux jours de Rome, et les progrès qu'il a dû faire pour arriver du quatorzième au dix-neuvième siècle. L'invention des armes à feu a dû nécessairement changer le mode de l'action, mais la science des mouvements et celle des positions n'auraient jamais dû tomber dans l'oubli.

Nous avons dit que l'ordre de bataille du Roi d'Angleterre était analogue à la force de son armée et à la nature de ses armes. Mais si, pour lors, la science des batailles avait été, comme aujourd'hui, subordonnée aux mouvements et aux dispositions qui les précèdent, il n'était pas possible qu'elle ne fût point détruite par celle des ennemis, quatre fois plus nombreuse. Il ne fallait pour cela que mettre la gauche des Français à la Maye et porter la droite dans la plaine de Wadicourt; la gauche des Anglais pouvait être prise en front, en flanc et par-derrière. Par cette combinaison stratégique, qui n'échapperait pas aujourd'hui au plus mince lieutenant, Edouard ne pouvait manquer d'être battu.

On ne peut donc se dissimuler que Philippe de Valois, quoique brave, n'était pas homme de guerre; que ses deux maréchaux ne l'étaient pas davantage, et que par suite il n'y eut jamais de disposition d'attaques préliminaires; imprévoyance qui coûta bien des larmes, et qui couvrit la France de deuil pour bien des années.

D'après ce que dit Froissart, il paraîtrait que le passage *de Blanquetaque*, mot picard qui veut dire *blanche tache* en français, la marée basse présentant à cet endroit un banc de sable blanc; il paraîtrait, disons-nous, que ce passage n'est pas, comme on l'a cru de tous temps dans le pays, entre les villages de Noyelles et de Port, mais bien au-dessus du Crotoy. Tous les historiens rapportent cependant que Godemar-de-Fay défendit le passage à Noyelles. Froissart seul dit que les Anglais se portèrent à Saint-Valery, à l'embouchure de la Somme, où l'on se battit, sans dire si cette ville fut prise. On ne sait plus que penser à ce langage, puisqu'on ne pouvait passer cette rivière au Crotoy sans être maître de Saint-Valery. Il faut donc s'arrêter à croire *Blanquetaque* entre Noyelles et Port, à moins qu'il ne soit au-dessous du Crotoy, ce qui contredirait les traditions, d'autant plus à tort, que la place de ce gué se voit encore en partie de nos jours, entre ces deux villages, au milieu de son cours presqu'à sec en ce moment.

Nous observerons qu'il y a auprès et en arrière de *Wadicourt* un champ que l'on nomme encore aujourd'hui le Camp du Roi. Ce qui confirmerait que le Roi d'Angleterre y était campé, et que vis-à-vis, de l'autre côté de la Vallée des Clercs, près du moulin de Fontaine-sur-Maye, au bord du chemin de ce village à Crécy, il existe encore une croix en pierre, qu'il serait à désirer que l'autorité sauvât d'une destruction totale, que les habitants montrent comme étant le tombeau du roi de Bohème, qui peut effectivement y avoir été érigée en mémoire de la place où il perdit la vie. Les Anglais vont fréquemment visiter cette croix et le moulin en maçonnerie qui domine la Vallée des Clercs, où ils ne doutent pas qu'Édouard se tînt pendant la bataille.

Nous ignorons d'après quels mémoires Messieurs de l'Académie se sont décidés à placer dans leur carte générale de la France le lieu de la bataille de Crécy où il est marqué. Nous croyons que s'ils ont rencontré juste en le plaçant dans la Vallée des Clercs, ils n'ont pas été aussi heureux à l'égard du gué de *Blanquetaque* qu'ils placent à l'embouchure de la Somme, au-dessus de Saint-Valery ; erreur qui a donné lieu à des discussions interminables. On peut consulter cette carte pour prendre une idée juste de notre opinion sur cette bataille, et j'ose dire qu'on se rendra à l'évidence de nos raisons, pour peu qu'on ait des notions justes sur l'art de la guerre, dont les principes ont toujours été les mêmes dans les grands généraux. Il est à propos de dire encore que le chemin que nous faisons prendre à Édouard, depuis Noyelles jusqu'à Crécy, forme une ligne moins courbe qu'il n'est indiqué sur cette carte.

Si, en traçant ces peu de lignes, nous n'eussions voulu nous borner à fixer la marche et la position des deux armées française et anglaise, nous nous trouverions assez de matériaux relatifs à cette journée désastreuse, pour pouvoir relever mainte erreur affirmée par plus d'un auteur qui suivait, dans ces écrits, des chroniques manuscrites sans aucune authenticité, dictées par l'intérêt ou l'amour-propre ; mais nous craindrions de renouveler par des redites le souvenir de malheurs qu'on voudrait oublier. Nous terminerons donc cette courte notice en rapportant un seul fait que nous croyons entièrement inconnu, et qui démontre de nouveau l'instabilité des choses humaines. On sait que Jean de Luxembourg, roi de Bohème, ami et allié de Philippe de Valois, quoique presque aveugle, se fit conduire au fort de la mêlée de Crécy, et y combattit avec cette valeur chevaleresque qui le distinguait. Trouvé mort sur le champ de bataille, entouré de ses écuyers qui

n'avaient pu lui survivre, on a toujours dit
qu'il fut inhumé à Valoires. Il est probable
que les moines, flattés de posséder la dé-
pouille d'une tête couronnée, ont accrédité
de tout leur pouvoir cette croyance, en
montrant dans leur église l'épitaphe sui-
vante :

L'an mil quarante-six trois cents,
Comme la chronique témoigne,
Fut inhumé et mis céans
Le très-puissant Roi de Bohaigne.

Comme la chronique témoigne, semble-
rait dire que ce n'est pas une chose avérée,
et avec raison.

Il se peut fort bien que pendant un
moment on ait déposé les dépouilles de ce roi
dans l'église de Valoires, et que les moines
lui aient rendu les devoirs religieux ;
mais il est certain que Jean de Luxembourg fut enterré dans la cathédrale de
Luxembourg, qui fut en partie détruite

pendant la révolution de France, en 91,
et que, par suite, ses restes profanés
trouvèrent un asile chez M. *Buch Bus-
chmann*, propriétaire d'une très-belle faïen-
cerie, auprès de Trèves, qui déposa les
os du roi de Bohème dans son cabinet
de curiosités, où les amateurs d'anti-
quités purent les voir, pendant plusieurs années. Depuis la restauration, il en
a fait hommage au prince royal de Prusse
qui, comme il en avait l'intention, les a
probablement fait réintégrer dans la tombe
où une catastrophe, qui ébranla la France,
fit descendre ce vaillant prince, et d'où
le vandalisme d'une autre catastrophe, qui
ébranla l'Europe, l'avait fait sortir, après
y avoir dormi plus de cinq siècles.

CHAPITRE VI·

Crécy, en affaiblissant le prestige de supériorité et la confiance dans la puissance militaire du monde féodal, en présence des bandes populaires, encore attachées à la glèbe, qui ne le secondaient dans ses querelles qu'avec répugnance, eut pour la France le funeste résultat de l'établissement des Anglais dans le royaume, qui gémit et se débattit pendant plus d'un siècle dans les entraves de ce lien grossier et menaçant qui vint si noblement décorer le cou des héroïques bourgeois de la ville de Calais assiégée, bravant avec une générosité stoïque le courroux d'un irascible vainqueur.

Jeanne-d'Arc et Jacques-Cœur, sortis tous deux des rangs de ces bandes populaires, parurent après ce temps pour le délivrer de ce joug insupportable. L'une la tête et le bras, l'autre le nerf de cette lutte sanglante, à jamais mémorable dans les annales des nations, furent l'un et l'autre récompensés de leurs héroïques efforts et de leur sublime désintéressement par l'ingratitude et le ridicule.

La première, vendue aux Anglais, reniée par ceux auxquels elle avait rendu une patrie, qui ne tentèrent rien auprès de ses bourreaux pour la délivrer, périt à l'âge de 18 ans, dans les tortures d'un bûcher. La mort même de cette pauvre jeune fille, qui avait sauvé la France, devant laquelle tout Français aurait dû s'agenouil-

ler, ne put la garantir d'être flétrie par
l'un d'eux, jusque dans ses cendres, par
une épopée que le bon Ch. Nodier appe-
lait, à juste titre, un monstrueux chef-
d'œuvre.

L'autre, industriel intègre, élevé par ses
talents, ses vertus et sa généreuse inter-
vention, aux plus hautes dignités de l'état,
se voyant injustement attaqué dans sa probité et abandonné à la rapacité d'avides
courtisans, qui convoitaient ses richesses,
acquises par les moyens de la plus stricte
probité, qu'il avait jusque-là prodiguées
pour le salut de la France, allait mourir loin
de son ingrate patrie, pour lui épargner
la honte de le faire monter sur un écha-
faud.

Mais l'heure de la délivrance, que la
France dut à ces deux illustres victimes,
ne devait sonner que longtemps après Crécy.
Les terribles tragédies de Poitiers et d'A-
zincourt devaient encore se jouer, et le
peuple, plus ou moins favorable aux Anglais,

apprendre qu'il n'avait rien gagné à ce changement de domination.

A l'époque dont nous parlons, quelques villes de France avaient déjà acquis au prix de leur sang, ou par des sacrifices pécuniers, des franchises souvent contestées avec une déloyauté révoltante, pendant que les habitants des campagnes gémissaient encore sous le joug oppressif de la féodalité dont l'institution, légale dans son principe, avait fini par dégénérer en abus. Ceux-ci, surtout, restaient indifférents à ces débats de puissance à puissance, autant toutefois que le leur permettaient des maîtres prodigues de leurs vies. Peu leur importait le nom de leur dominateur. Pour eux, la servitude du vaincu redevenait toujours la servitude du vainqueur. C'était partout et toujours l'esclavage; rien ne les portait à s'identifier avec la terre qui les avait vus naître, qu'ils avaient arrosée de leurs sueurs dans leurs pénibles travaux agricoles; rien ne les attachait à ces tyrans, prodigues de leur sang, mais avares de ces récompenses qui viennent stimuler ce sentiment d'enthousiasme qui fait le héros. C'étaient des machines enfin, sans valeur; des êtres abrutis qu'on faisait mouvoir par la menace, et dont le pire ennemi n'était pas celui qu'ils avaient devant eux.

Philippe Auguste, deux siècles plus tard, avait déjà compris le vice d'un tel état de choses auquel il eut sans doute remédié plus efficacement qu'il ne le fit, sans la crainte de s'aliéner l'aristocratie, alors puissante et redoutable, qui, en s'opposant à toute innovation qui aurait pu diminuer son pouvoir, entravait et inquiétait la marche du gouvernement, surtout en ce qui tendait aux progrès des libertés du pays.

L'expérience lui avait démontré que, pour dompter cette multitude de tyrans orgueilleux dont la félonie menaçait la sûreté du royaume, il fallait émanciper les communes, et créer ainsi dans le peuple un contrepoids aux exigences de la noblesse.

C'était là une tâche difficile à remplir, dont il ne réussit qu'à poser les premiers fondements.

Les croisades et les guerres intestines de seigneurs à seigneurs, qui ensanglantaient journellement le sol de la France, le secondèrent puissamment dans ses projets d'améliorations, en appauvrissant cette caste privilégiée, jusque-là immaniable. Pour effectuer ces expéditions lointaines et soutenir ces guerres locales, elle se vit bientôt contrainte d'avoir recours aux emprunts. Elle engagea ses terrres ou vendit ses droits de suzeraineté aux villes et aux bourgs, dont elle avait jusqu'alors disposé en maîtres absolus. Alors parurent des chartes d'affranchissement, pareilles à celle déjà donnée, en 1128, à la commune de Laon, par Louis-le-Gros, la plus ancienne que l'on connaisse, et à celle octroyée ou plutôt vendue à la petite ville de Meulan, en 1189, par le comte Robert, consignée dans un registre de Philippe Auguste, fol. 32.

Dès ce moment, ces chartes de franchises se multiplièrent et dépouillèrent insensiblement l'aristocratie de ses priviléges et de sa prépondérance, en raison de ses besoins réels ou de ses prodigalités. Le clergé, déjà riche, et qui s'enrichissait encore par l'appauvrissement des nobles, fut le dernier à faire des concessions. Encore ne les fit-il dans la suite que, contraint par le peuple, auquel ce commencement de liberté inspirait déjà cette énergie, qui fit des progrès si rapides, qu'à son tour, à défaut de l'aristocratie, elle devait un jour déborder les trônes, armée du glaive exterminateur et de la torche incendiaire.

Lorsque les communes virent que ces affranchissements, qui cependant ne se bornaient alors qu'à leur conférer le droit de se garder elles-mêmes, de choisir leurs magistrats et à fixer le chiffre et le mode de la perception des impôts, pour ses dépenses locales, mais ne les exemptait pas des autres droits imposés par d'anciennes conventions

ou par l'arbitraire; lorsqu'elles virent que
ces concessions étaient journellement contestées et même annulées par Valois et
par ses successeurs, ses sympathies pour
leurs querelles se refroidirent en proportion
du tort que leur faisait ce manque de foi.
Menacé dans ce qu'il avait de plus cher,
dans cette naissante liberté, après laquelle
il aspirait depuis si longtemps, peu importait au peuple, dans cette extrémité,
d'appartenir à Philippe de Valois ou à
Edouard III.

De là, sans doute, cette mollesse et ce
manque d'ensemble que montrèrent les
communes dans la plupart des batailles de
cette époque. Il devait nécessairement en
être ainsi à celle de Crécy; conduites à
l'ennemi, comme elles le furent, par un roi
qui méconnaissait leurs droits les plus sa-
crés, chèrement acquis; prodigue pour ses
barons, lorsqu'il en avait besoin, mais toujours dur et avare pour ses autres sujets;
qu'il appauvrissait incessamment sous le

moindre prétexte par des ordonnances fiscales vexatoires qui altérèrent par deux fois les monnaies; forçaient les marchands à baisser le prix de leurs marchandises, sur lesquelles il prélevait déjà le vingtième, à percevoir toutes les fois qu'elles passaient par la vente de main en main, et les artisans à diminuer le prix de leurs travaux. Venaient ensuite celles qui établissaient la vénalité des charges, le monopole du sel, le prélèvement d'un aide féodal, au mariage de la fille du roi, et dès six deniers, pendant six ans, qu'il avait obtenu du pape Jean XXII sur tout le royaume; qui enjoignaient aux fermiers, dans la crainte de disette, à porter leurs blés au marché, ce qui livrait ces malheureux à la merci d'avides employés du fisc et des pillards qui infestaient les routes; et qui obligeaient les capitalistes à n'être remboursés qu'aux trois-quarts des capitaux qu'ils avaient avancés aux seigneurs. On trouva même moyen d'indisposer ceux-ci par l'anoblissement des vilains, moyenant finance ; par la condamnation de Robert II d'Artois ; par le supplice d'Olivier de Clisson et de quinze seigneurs Bretons, soupçonnés de trahison, et par l'obligation qu'il leur fut imposée, sous prétexte d'une croisade qu'on n'effectua jamais, de livrer le tiers de leur vaisselle d'argent pour en faire battre de la monnaie.

S'il est vrai qu'aujourd'hui la France soit frappée d'assez lourdes contributions pour qu'elles deviennent difficiles à acquitter pour quelques-uns, qu'elles privent du bénéfice le plus clair de leur industrie ; elles sont du moins réparties avec équité, selon les facultés présumables de chacun, pour subvenir aux besoins de la généralité. Mais alors elles étaient imposées arbitrairement par le chef du gouvernement, qui disposait de leur produit comme il l'entendait et sans contrôle. Et comme la noblesse et le clergé ne contribuaient en rien aux charges de l'état, il s'en suivait que tout le

fardeau en retombait sur les manans et
les corvéables des villes et des campagnes.

On peut donc facilement concevoir
qu'avec une telle organisation, sous un
roi si peu populaire, ennemi de tous progrès,
qui ne s'occupait qu'à épuiser ses sujets
par les moyens les plus odieux, pour satisfaire ses passions et ses besoins toujours
renaissants, dans la lutte qu'il soutenait
avec l'Angleterre; on peut concevoir, disons-
nous, qu'un tel maître, auquel tout ce qui
tenait au bien-être de son peuple semblait
étranger, pouvait bien conduire des merce-
naires à l'ennemi, mais non des sujets
dévoués à sa cause.

Dans ces dispositions, on pourrait dire
hostiles de ces bandes populaires, chez qui
le malheur émoussait tout sentiment de
patriotisme, mal dirigées par des chefs
inhabiles, sans accord entre eux, qu'elles
craignaient autant que l'ennemi qu'on les for-
çait de combattre; on ne pouvait attendre
d'autres résultats de cette bataille que

celui que l'on connaît. Les mêmes causes devaient bientôt amener les mêmes résultats pour celles de Poitiers et d'Azincourt.

CHAPITRE VII.

Autant l'auteur du Mémoire sur l'expédition anglaise de 1346 met de clarté dans
les détails pleins d'intérêt qu'il donne sur
les causes et sur les conséquences de cette
campagne, ainsi que sur les forces respectives des deux armées française et anglaise
en présence à Crécy, autant il en met peu
dans les autres faits qui l'ont signalée, qu'il
rend au contraire plus obscurs encore qu'ils

ne l'étaient déjà, en dépit de toutes les notions historiques et traditionnelles reçues jusqu'alors.

Nous n'essaierons de relever les erreurs que nous croyons que cet auteur a pu commettre, faute de connaissances locales, qu'à partir de Blanquetaque. En prouvant que ce gué est situé entre Noyelles-sur-Mer et Port, et non au-dessous de Saint-Valery-sur-Somme, comme il le croit, la marche de l'armée Anglaise venant de Normandie, qu'il avait, en conséquence de son opinion, fait dévier vers cette dernière ville, se retrouvera tout naturellement suivre la direction jugée de tout temps la seule probable.

Pour rendre les évènements de cette campagne plus palpables, nous reprendrons cependant un moment avec lui les Anglais à leur débarquement à la Hogue au nombre de 52,000, qu'il réduit plus loin, sans doute par erreur, à celui de (1)

1 Mémoire p. 138.

30,000, jusqu'à leur arrivée à Blanque-taque.

De ces 52,000 hommes, dit-il, 6,000 retournèrent en Angleterre avec le comte Huntington, pour escorter le butin fait au pillage du pays ; et des 46,000 hommes restant, 16,000 seulement arrivèrent à Crécy ; les autres, c'est-à dire 30,000, s'étant perdus, pendant quarante jours de marche, à dater du débarquement, à travers la Normandie.

Cette circonstance, qui est loin de prouver cette habileté et cette *marche fière d'Edouard* (1), surtout depuis Poissy, ressemblerait plutôt, sinon à une déroute, au moins à un harcellement continuel de la part des Normands, des garnisons de leurs villes et de leurs châteaux forts. Ce que l'auteur du mémoire semble confirmer en disant : qu'Edouard *avait appris sur le chemin de Paris que le paysan émancipé de la veille se levait de toute*

1 Mémoire p. 138.

part (1), ce qui ne semble pas d'accord avec les lignes suivantes : *les soudoyers ne sortirent nullement pour tracasser la marche d'Edouard* (2). Il eut cependant été unique, dans les fastes de l'histoire, de voir des paysans s'opposer à une invasion ennemie, sans être soutenus par leurs défenseurs naturels.

Si donc ces garnisons l'inquiétèrent dans sa retraite, ce dont on ne peut douter, à en juger par les pertes qu'il fit, à moins de supposer que ces 30,000 hommes manquants soient morts d'indigestion en route, ce qui est difficile à croire, quelques grands mangeurs que puissent être les Anglais; si donc, disons-nous, ces garnisons l'inquiétèrent, il eut été d'une inconcevable lâcheté que celle de Saint-Valery, forteresse au-dessous et près de laquelle l'auteur du mémoire place Blanquetaque, fût res-

1 Mémoire p. 13.
2 Mémoire p. 47.

tée spectatrice impassible, pendant qu'E-
douard défilait sous ses murs avec toute son
armée; attendît ensuite, près de trois
heures, à portée de ses traits, que le passage devînt praticable, et n'essaya pas
même de donner un coup de main à Gode-
mard de Faye, défendant l'autre rive de
la Somme lorsqu'il la franchit. Cela
paraît d'autant plus incroyable que cette
garnison, commandée par le comte de Saint-
Pol et par Jean de Hui, venait de repousser
assez rudement un parti d'Anglais qui
s'était présenté devant leur ville.

L'histoire ne parlant ni de Saint-Valery,
ni de sa garnison, lors de ce passage, il
est à présumer qu'il se faisait loin de cette
ville, entre Noyelles et Port, où la plupart des chroniqueurs, toutes les anciennes
cartes et les traditions du pays placent le
gué de Blanquetaque, vis-à-vis des tom-
belles, situées sur la lisière des bois bordant
la rive droite de la Somme, et non près
du Crotoy, dont elles sont à deux lieues,

comme le prétend l'auteur du Mémoire
d'après un manuscrit de la bibliothèque
du roi (1).

(1) Mémoire p. 82.

CHAPITRE VIII.

Quant aux galets qui auraient été pris
à Blanquetaque, dans le 14ᵉ siècle, pour
le pavage d'Abbeville, circonstance dont
il cherche à faire un argument en faveur
de son opinion (1) sur le gisement de ce
gué à l'embouchure de la Somme, ils ne
prouvent rien du tout.

(1) Mémoire p. 79.

Il y a 500 ans, au temps des évènements
en discussion, le lit de cette rivière n'était
pas à sec, comme il l'est maintenant: mais
le flux et le reflux d'une mer presque toujours
orageuse, dans ces parages, s'y faisaient
alors sentir dans toute leur furie jusqu'aux
abords et même au-delà de la ville d'Abbeville,
et y formaient, par le déplacement incessant
du sable, ces galets qu'on allait prendre
à Blanquetaque, entre Noyelles et Port, qui
n'y existent plus maintenant, comme ils
n'existeront bientôt plus, et par la même
cause, au Crotoy, où déjà on n'en trouverait
plus assez pour paver la plus petite ruelle.

Il n'est pas même probable qu'il y eut
un gué au-dessous de Saint-Valery, il y a
500 ans; car, quoique depuis ce temps la
mer se soit considérablement retirée des parages du Ponthieu bordant le détroit
de la Manche, au point d'avoir diminué
le volume de toutes ses rivières et interdit
la navigation sur la Somme, ce gué ou
ce prétendu gué était cependant encore si

dangereux, il y a vingt ans, que bien des téméraires payèrent de leur vie la hardiesse de l'avoir franchi, au milieu de sables mouvants qui défiaient l'œil du marin le plus expert.

Entre autres accidents qui eurent lieu, avant et depuis cette époque, nous ne citerons ici que celui arrivé à un de nos amis qui, s'y étant engagé à marée basse avec deux autres personnes, sur une charette, se vit tout-à-coup emporté en pleine mer : cheval voiture et tout ce qu'elle contenait périt; lui seul, bon nageur, et secouru à temps par une barque de pêcheurs, se sauva de ce désastre.

CHAPITRE IX.

Lorsqu'on considère l'inconstance des chances de la guerre, on ne peut se permettre, nous le répétons, de représenter Godemar de Fay comme lâche et corrompu. Le juger ainsi, c'est en même temps condamner tous les seigneurs qui l'accompagnaient à l'infamie; entre autres Jean de Picquigny, le sire de Caumon et Jean du Cange, trésorier des guerres. Nous aimons mieux croire, comme nous l'avons dit plus

5

haut, que les choses se passèrent à Blanquetaque comme à Crécy, où tout le monde commandait et où personne n'obéissait, pas même à la voix de Philippe de Valois, d'où l'on peut conclure qu'il pouvait en être de même dans cette circonstance pour Godemar, évidemment moins respecté que son roi.

D'ailleurs, quel besoin Edouard eût-il eu de Goben Agache, pour le conduire au gué tant désiré, si Godemar lui eût été dévoué. Ce dernier, par sa position sur ce passage même, devait le lui indiquer, sans le secours d'un guide inconnu qui pouvait le tromper.

Shaion Turner, historien anglais, dit : l'affaire fut chaude «au passage de Blanquetaque ; nombre de cavaliers des deux partis furent démontés au milieu de l'eau. Les Anglais souffrirent beaucoup de la part de la cavalerie française, qui harcela leur arrière-garde....» Ce qui ferait croire qu'ils furent suivis de plus près qu'on ne l'a généralement dit.

Laurence Echard, autre historien anglais, s'exprime ainsi ; « le passage de Blanque-taque s'opéra au milieu d'une nuée de flèches. Les Français y perdirent 2,000 hommes.... » La version de Thomas Carter est, que Godemar de Fay avait 10,000 hommes sous ses ordres, indépendamment de la milice des environs. La cavalerie française, dit-il, montra trop d'ardeur, car, au lieu d'attendre les Anglais sur la rive, elle s'élança dans la rivière où les archers anglais, reconnus par leur adresse, lui fit un mal infini.... « Il y eut là grant occision, » dit à son tour Froissart, « et maint homme mort, car ceux qui étaient à pied ne pouvaient fuir ; si y en eut grand foison de ceux d'Abbeville, de Montreuil, de Rue, du Crotoy et de Saint Riquier, morts et prins, et dura la chasse plus d'une grosse lieue...» Le Petit, dans sa grande chronique écrite vers la fin du 15e siècle, ne fait de même aucune allusion à la prétendue trahison de Godemar ; en parlant de Blan-

quetaque, il dit seulement : « s'y rencon-
trèrent en front combattant les Anglais
dans l'eau, fort et ferme... »

Si Godemar, qui venait de défendre
vaillamment Tournai pendant deux mois
contre les Anglais, si Godemar, disons-nous,
et les siens eussent été des lâches ou des
traîtres, comme le pense l'auteur du Mémoire, on n'eut certainement pas été obligé
de les combattre fort et ferme. On doit donc
croire, avec la majorité des historiens, pour
ne pas porter un jugement téméraire, qu'il
ne fût que malheureux.

Ce qu'on peut voir de plus clair dans toute
cette affaire, c'est que ce pauvre chevalier
joua alors le rôle du bouc d'Israel, pour sauver
l'honneur de son roi, qui ne savait à qui
s'en prendre de son inhabileté et de sa décon-
fiture, comme le geôlier Hudson Lowe
le joua depuis, pour sauver celui du sien,
entaché de l'infamie des intolérables tortures
qu'il fit éprouver à Napoléon.

CHAPITRE X.

Au lieu de faire coucher le roi d'Angleterre à Noyelles-Sur-Mer, où il a passé la
Somme, point sur lequel tous les chroniqueurs sont d'accord avec Thomas Carte,
qui dit : « Edouard passa la nuit à Noyelles,
et après avoir dirigé des détachements sur
le Crotoy, etc., etc.... » l'auteur du Mémoire
dit qu'il en avait bien eu la pensée, mais
qu'il était trop habile pour venir ainsi

manœuvrer sous les yeux de son ennemi(1).
Il ne faut pas oublier, pour apprécier cette
habileté à sa juste valeur, qu'Abbeville,
où était l'ennemi, est à quatre lieues de
Noyelles–sur–Mer, que de ce village, où,
selon l'auteur du Mémoire, Edouard ne
voulut pas coucher, pour ne pas manœuvrer
sous les yeux de l'ennemi, et par galanterie
pour Catherine d'Artois, dame de Noyelles,
fille du traître Robert d'Artois, qu'il ne voulut pas déranger ; que de ce village, disons-
nous, à Crécy, il existait cette voie romaine
dont nous avons déjà parlé au chapitre II,
qui l'y conduisait directement, si toutefois
sa première intention fut d'y aller.

En prenant cette route, il laissait Abbeville
de trois à quatre lieues sur sa droite, à peu
près, à la même distance qu'il l'eût eu à
Noyelles.

Mais au lieu de lui faire suivre ce large
chemin, qui ne présentait aucun obstacle,

1 Mémoire p. 86.

n'étant coupé ni de pont ni de marais ;
l'auteur du Mémoire, après l'avoir fait
aborder, contre toute vraisemblance, au
Crotoy, à six lieues d'Abbeville, lui fait faire,
à partir de là, six lieues dans un jour et
demi, par des fondrières impraticables,
pour le faire enfin déboucher à Crécy, à
quatre lieues d'Abbeville, à la même
distance qu'il en eut été de Noyelles, où il
ne voulut pas aller par prudence, et à deux
lieues plus près qu'il n'en avait été au Crotoy.

Si Edouard avait si bien connu la Picardie, *dont les chemins, les gués, les*
passages, les ressources, les obstacles et les
champs de bataille lui étaient aussi fami-
liers qu'aux Français (1), pour y avoir été
dans son enfance, on doit croire que c'était
par réminiscence de cet âge sans soucis,
qu'il prit ce chemin des écoliers, qu'il faut
bien se garder de se représenter tel qu'il est
aujourd'hui, avec ses routes et ses ponts de

---

1 Mémoire, p. 64.

nouvelle construction ; mais comme un immense cloaque de marais salins, de lacs et d'étangs sans fonds, dont les anciens habitants du pays peuvent encore se rappeler en partie; traversés par des chemins impraticables qui ne devinrent moins mauvais que par les dessèchements successifs qui y eurent lieu jusqu'à nos jours, mais auxquels on ne pensait pas encore alors.

Si le roi d'Angleterre eut été si bien au fait de la topographie du pays, pourquoi eut-il d'abord besoin d'un guide pour franchir la Somme, et ensuite pourquoi, étant arrivé à Rue au lieu d'aller de là à Crécy, lui qui ne devait pas ignorer toutes les difficultés de ce chemin, qui le ramenait vers Abbeville qu'il semblait fuir, ne continua-t-il pas sa route vers Colines ou par les hauteurs, vers Nampont, pour mettre de suite l'Authie entre lui et l'ennemi qui le poursuivait.

Après avoir franchi cette rivière, ce qu'il pouvait sans empêchement, il continuait tranquillement sa marche vers la mer, s'il

y espérait ses vaisseaux, ou vers la Flandre,
s'il en attendait des secours.

Voilà ce qu'eut fait un chef expérimenté,
et nous ne doutons pas qu'Edouard eût été
de cet avis, s'il était réellement venu du
Crotoy à Rue.

Mais au lieu de cette marche raisonnée,
l'auteur du Mémoire l'enfourne de nouveau,
à partir de cette ville, dans les marais de
Canteraine, de Lannoy, d'Arry et dans
l'inextricable dédale de la forêt de Crécy,
des bois de Regnière-Ecluse, de Vironchaux
et du Tronquois, bien éclaircis aujourd'hui,
mais tenant alors au Grand-Pays et à d'autres
bois s'étendant jusqu'à Montreuil-sur-Mer,
qui devaient tellement le resserrer et gêner
ses mouvements, qu'il ne pouvait y présenter
tout au plus que deux ou trois hommes de
front. Ce chemin de vidange, servant pour
l'exploitation des bois, sillonnant le marais
de la Maye, était si mauvais encore il y a trente
ans, qu'on ne pouvait y passer en voiture
qu'au risque de s'y casser bras et jambes; ce

qui nous a souvent obligé à cette époque, en partant d'Arry pour Crécy, de prendre la route d'Hesdin à Abbeville.

CHAPITRE XI.

Connaissant tous ces obstacls , on ne peut, à moins de le croire totalement démoralisé, le fourvoyer ainsi, avec son armée et tout son matériel, grossi du butin fait en Normandie, qui ne devait par conséquent pas laisser que d'être considérable, puisqu'il *en forme un grand parc, derrière ses lignes de bataille à Cr écy* (1), pour l'exposer,

1 Mémoire p. 90.

non seulement aux embûches que pouvait lui tendre Philippe de Valois, mais encore à celles d'un peuple exaspéré, *lui, objet de haine pour le paysan* (1) dont il brûlait les maisons et égorgeait les familles.

Cruautés dont ils auraient aussi bien pu se venger alors que le firent de nos jours les habitants de la Vendée, en combattant des troupes un peu mieux disciplinées que celles du roi d'Angleterre, et qui cependant n'eurent pas toujours le dessus.

On ne peut s'expliquer cette marche de six lieues, au milieu de toutes ces difficultés d'un jour et demi, pour fuir un ennemi duquel on se rapproche ensuite de deux lieues, pour chercher un champ de bataille qu'on eut pu trouver dans dix autres endroits sans rebrousser chemin.

Il est permis de douter, dans cette occasion, que *toute la conduite d'Edouard était marquée au sceau d'une habileté consommée,*

1 Mémoire, p. 37.

(1), et que les Anglais, après avoir chevau-
ché ainsi, tout paisiblement et tout
joyeusement (Froissart) » aient encore été
aussi joyeux et aussi paisibles, lorsqu'ils se
trouvèrent dans ce dédale où l'auteur du
Mémoire veut les conduire.

On ne pourrait pas davantage, il est vrai,
se rendre raison de la marche incohérente
d'Edouard, depuis son débarquement jusque sous les murs de Paris. Si son intention
avait été de *gagner le Ponthieu* (2), ce n'était
certes pas le chemin qu'il devait prendre;
il aurait alors dû passer la Seine au pont de
l'Arche, à Vernon, à Mantes ou sur tout
autre point, quoique *partout les ponts füs-
sent rompus* (3).

Personne ne le gênait, plus qu'à Poissy,
de les rendre praticables, puisqu'en aucun
lieu les soudoyers ne sortirent de leurs

1 Mémoire, p. 63.
2 Mémoire, p. 54.
3 Mémoire, p. 48.

murailles pour tracasser sa marche. Si
toutefois il eut été impossible de rétablir
ces ponts, pourquoi ne passa-t-il pas la
Seine à Rouen, pour gagner le Ponthieu, ce
qui eut été son plus court chemin? Il le
pouvait, puisqu'il *s'y embarqua*(1); les
bateaux de la Seine n'avaient donc pas
été coulés.

Si on s'étonne de le voir venir braver
l'ennemi, qu'il voulait éviter, jusqu'à Poissy,
ce qui n'était assurément pas le moyen *pour
traverser la Seine sans livrer bataille* (2),
on est tout aussi surpris de le voir tout-à-
coup trouver facile de réparer celui de cette
ville, ce qu'il n'avait pu faire jusque là,
les *pilotis et les pieux en étant restés entiers*
(3), comme il en était probablement des
autres.

1 Mémoire, p. 47.
2 Mémoire, p. 54.
3 Mémoire, p. 48.

CHAPITRE XII.

On doit penser, quoiqu'on puisse dire
des hautes capacités d'Edouard, que *la
crainte l'avait emporté sur les autres considé-
rations* (1) pour n'avoir pas fait, dans ces
circonstances, une tentative sur Paris *qui
n'était pas fermé* (2), Philippe de Valois

1 Mémoire, p. 52.
2 Mémoire, p. 49.

étant parti pour Saint-Denis (1), ce qu'il devait savoir *par ses affidés* (2). Cette tentative sur la capitale, *où est le trône* (3), *où son or avait ébranlé les consciences* (4), devait cependant lui sourire et lui être facile, lorsqu'il se trouvait encore à la tête d'une armée de plus du double de celle qu'il déploya à Crécy, pour combattre Valois.

Est-il possible de croire qu'il s'abstînt de tenter cette conquête, qui pouvait lui donner la France, parce que *Geoffroy de Harcourt ne lui parle pas de la possibilité de s'en emparer* (5), et parce qu'il *ne trouva pas un champ de bataille* (6) aux alentours de cette capitale, où il en fut tant trouvé avant et après lui, pour en aller chercher un au loin, hors de sa route, vers

1 Mémoire, p. 51.
2 Mémoire, p. 56.
3 Mémoire, p. 49.
4 Mémoire, p. 50.
5 Mémoire, p. 62.
6 Mémoire, p. 65.

le Ponthieu, *à portée de secours* (1) qu'il
ne pouvait espérer d'y trouver, et qu'il n'y
trouva effectivement pas, par les chemins
dont nous avons parlé, y perdant 30,000
hommes on ne sait comment.

Nous voulons croire, pour l'honneur du
mérite politique et militaire qu'on lui attri-
bue, que des raisons si peu valables n'in-
fluèrent pas sur la détermination du roi
d'Angleterre en cette circonstance, mais
que des causes bien plus sérieuses, que
nous essaierons d'expliquer plus loin,
l'obligèrent de battre en retraite au plus
vite.

Quoique Edouard, jésuite cauteleux dans
toute sa conduite envers Philippe de Valois,
brave, mais roi de peu de capacité, parvînt
facilement à le tromper sur ses vues
ambitieuses et spoliatrices, il venait cependant, à force de ruser, de se mettre dans
une position telle, que tout ce qu'on peut

1 Mémoire, p. 53.

conclure de cette campagne, comme elle est généralement représentée, c'est que, si elle eut mal tourné pour lui, ce qui était à parier mille contre un, on l'eut traité avec raison d'écervelé. Mais ayant réussi, non dans ses premiers projets, mais à se tirer d'un mauvais pas en battant les Français à Crécy, on admire *les immenses ressources de son esprit guerrier* (1).

1 Mémoire, p. 59.

CHAPITRE XIII.

Nous avons déjà cité ce que dit Hume sur la position que prirent les Anglais. Voici une autre version qui diffère peu de celle-là : « Ordre de bataille du 26 août 1346. Retranchements d'un bois, sur le derrière des Anglais, où se trouvaient les bagages. Le front de bataille, garanti par un fossé, en demi-lune qui, partant de son aile gauche, allait se terminer dans le parc de Crécy, contre la petite rivière de Maye...» (Thomas Carte.)

Il est à présumer que ce parc était un reste de l'enclos dépendant de l'ancien palais, ou métairie, appartenant aux rois de France.

Le passage suivant vient à l'appui des deux autres... « L'armée anglaise s'appuie, à Crécy, contre un bois épais, et retranche ses deux flancs...» (Robert Henry.)

Dans cette position, nous le répétons, les Anglais, en cas de revers, pouvaient suivre la chaussée Brunehaut, comme à Estrées, où les place l'auteur du Mémoire, pour aller passer l'Authie à Ponches, et voir l'armée française leur présenter sa gauche en arrivant d'Abbeville.

Ceci n'est pas seulement l'opinion des historiens en général, mais encore celle de plusieurs officiers supérieurs, vétérans des batailles de Fontenay et de Marengo, qui avaient exploré avec soin et en tous sens les alentours de Crécy.

Pour combattre les opinions reçues jusqu'à ce jour sur cette campagne, l'auteur du Mémoire s'en rapporte principalement à Froissart, qui paraît avoir fait pour sa bataille de Crécy ce que fit depuis l'abbé Vertot pour son siége de Malte, en plaçant les Anglais sur le plateau d'Estrées, qu'il dit s'appeler Estrées-lès-Crécy, dont cette bataille aurait pris le dernier nom. En quoi il se trompe; ce village étant connu de tous temps par les habitants et par les anciennes cartes de N. Samson, de S. de l'Isle, de E.-H. Friex et autres, sous le nom d'Estrées-en-Cauchie ou en Chaussée, pour être situé sur la chaussée Brunehaut.

Ce plateau, qu'il dit *d'une lieue carrée* (1), en a près de deux de largeur à partir de Crécy jusqu'à l'Authie. Si les Anglais y formèrent leurs lignes de bataille, *leur droite s'appuyant au village d'Estrées et leur gauche*

---

1 Mémoire, p. 101.

se prolongeant vers le bois (1) on ne peut s'expliquer comment une armée, qu'il fait monter à seize mille hommes, échelonnés en trois corps, ait pu s'étendre depuis Estrées jusqu'à des bois qui en sont à plus de trois quarts de lieue, vers l'Authie qui en est à une lieue, sans laisser de vide dans cet espace, par où l'ennemi aurait pu pénétrer.

Il faudrait que les rangs de ces 16,000 hommes eussent eu bien peu de profondeur pour avoir pu former ces trois lignes de bataille de près d'une lieue d'étendue; que rien n'empêchait d'ailleurs de tourner par l'autre partie du plateau de trois quarts de lieue, qui sépare Estrées de Crécy et de la Maye. Ce qui ne pouvait arriver à l'armée d'Edouard dans la position bien calculée que l'auteur du Mémoire conteste; qu'il avait prise au-dessus de la Vallée des Clercs, retranché sur sa gauche, sur sa droite et sur

1 Mémoire, p. 102.

ses derrières. Elle était d'autant meilleure, qu'une armée ennemie, quoique plus nombreuse, perdait ses avantages, nous le répétons, en ne pouvant se déployer pour l'attaquer avec ensemble; ce qui fut prouvé dès l'entrée en scène de cette journée.

Il faut que l'auteur du Mémoire ait été bien mal informé pour avancer en faveur de son opinion, que *la Vallée des Clercs est traversée par la rivière de Maye, qui aurait joué un rôle quelconque dans l'affaire. Et cependant nul ne parle d'un cours d'eau* (1). Il ne se doute pas qu'il confond ici la Vallée des Clercs, où il n'y a jamais eu de cours d'eau, avec la vallée de la Maye avec laquelle elle forme un angle droit.

1 Mémoire, p. 99.

CHAPITRE XIV.

Cette Vallée des Clercs existe encore avec ses trois terrasses, mentionnées par tous les chroniqueurs anglais, comme ayant été occupées par Edouard, que rien n'annonce devoir être de nouvelle création, non plus que le moulin ou vieille tour, « sur la butte de laquelle il se tint pendant la bataille pour diriger les mouvements de son armée et observer ceux des Français. »

(White Kennet , archevêque de Pater-
bourough.)

Ce moulin, que l'auteur du Mémoire a
visité, *ne saurait, dit-il, avoir cinq siècles* (1),
sans songer que comme bien d'autres con-
structions du XIV° siècle, moins exposées
que lui , par leur élévation, à l'injure du
temps, il a nécessairement dû éprouver des
réparations successives qui ont dénaturé son
architecture primitive.

Quoiqu'il en soit, il porte le cachet de la
vétusté, et est le seul moulin des environs
d'une construction aussi solide, établi sur
une ambase de grès taillés, désigné par
l'histoire et par la tradition comme étant
le moulin d'Edouard. Ce n'est pas après
plus de cinq cents ans qu'on peut faire
changer d'opinion à cet égard, à moins
de preuves certaines.

Les débris de cette bataille, qui ont été
trouvés et que trouvent encore les labou-

1 Mémoire, p. 101.

reurs au pied de ce moulin , sur les gradins
de cette vallée et sur les côteaux s'étendant
vers Fontaine-sur-Maye , disent assez que
l'un fut le séjour momentané du roi d'Angleterre , surveillant cette scène sanglante ;
et la plaine onduleuse qu'il domine , le
champ de bataille où se jouait si cruelle-
ment pour la France sa fortune compromise.

Si le roi d'Angleterre, continue le Mémoire, *avait occupé Crécy, afin d'y livrer
bataille, ce prince eut cherché logis en la
ville, nous le voyons au contraire coucher
dehors en pleins champs* (1). Cette objection
ne prouve rien contre la position qu'il
avait prise au-dessus de la Vallée des Clercs.
Comme, depuis plusieurs jours , Edouard
était poursuivi l'épée dans les reins, et qu'il
est à croire qu'il ne s'arrêtait à Crécy que
par une résolution désespérée , il devait
s'attendre à une attaque instantanée de la part
de son ennemi ; ce qui fût arrivé si Philippe

1 Mémoire, p. 99.

de Valois n'avait pas perdu un temps précieux à Abbeville. Dans cette prévision, Edouard, tourmenté par les angoisses de sa position précaire, ne pouvait penser à quitter son armée rangée en bataille, n'osant pas même rompre ses rangs pour prendre ses repas, attendant les Français d'un moment à l'autre, pour aller coucher à Crécy.

Une autre preuve que l'auteur du Mémoire donne pour combattre l'opinion qui place le champ de bataille dans cette vallée, est ce passage de Froissart : « Sitôt que les premiers (les Français) virent les ennemis, reculèrent tous à un faix si désordonné, que ceux qui derrière étaient, s'en ébahirent et cuidèrent que les premiers combatîssent et qu'ils fûssent jà déconfits..» Comme Froissart semble prendre à tâche, dans sa partialité pour les Anglais, de blâmer tout ce que firent les Français, il ne faut pas prendre à la lettre ce qu'il dit en cette occasion ni dans bien d'autres, pour lui avoir été raconté par des Anglais.

Si ce moment d'hésitation eut effectivement lieu, il se peut que les Français qui
avaient vu tant de fois, depuis plusieurs
jours, les Anglais éviter une rencontre avec
eux, les croyant encore en pleine retraite,
pour avoir entendu dire *qu'ils étaient encore
à cinq lieues* (1), quelques chefs seulement
étant instruits du contraire, depuis peu
d'instants, il se peut, disons-nous, qu'ils
furent surpris de les voir tout-à-coup si
près, après les avoir cru si loin, sans pour
cela s'être effrayés à l'aspect d'un ennemi
qu'ils cherchaient.

Arrivant d'Abbeville par la route d'Hesdin,
on peut présumer que cette foule en désordre, croyant marcher à une victoire
facile, empêchée par un rideau de collines,
ne pouvait voir ce groupe compacte et im-
mobile d'Anglais assis, auxquels Edouard
inquiet avait dit : *point de cris, point de*

1 Mémoire. p. 34.

tumulte. Il est probable qu'en arrivant à la hauteur de Fontaine, aux sources de la Maye, à vingt minutes de la Vallée des Clercs, ils s'arrêtèrent tout-à-coup à l'aspect de l'ennemi assis à leur gauche, pendant qu'ils le croyaient devant eux. Ce mouvement brusque, en augmentant encore le désordre qui régnait déjà dans cette masse d'hommes marchant à l'aventure, aura fait dire que les Français « reculèrent tout en un faix » sans que pour cela la peur y fût pour quelque chose, comme semble le faire entendre cet historien.

La seule crainte qu'ils durent éprouver dans ce moment, était de voir cet ennemi impalpable, qu'ils poursuivaient depuis si longtemps, leur échapper de nouveau. S'ils ne l'eussent considéré comme une proie facile, qu'ils attaquèrent en conséquence sans ensemble, il est à croire que cette bataille eût eu un tout autre résultat, » car y fut combattu de part et d'autre à grande puissance : les Français pour l'honneur

(s'assurant de la victoire) et les Anglais
pour leurs vies..» (*Grande chronique* de
François-le-Petit.)

Ce passage d'un auteur plus impartial que
ne l'est Froissart, qui écrivait au milieu du
XV° siècle, fait assez sentir la disposition
des esprits des deux ennemis en présence,
et confirme la pensée de quelques auteurs,
qu'Edouard, loin d'avoir cherché à loisir,
depuis Paris, un champ de bataille conve-
nable à ses vues stratégiques, fut forcé, en
désespoir de cause, de s'arrêter à Crécy,
pour y défendre *sa vie* menacée par Philippe
de Valois, qui l'y poursuivait, avec la certi-
tude, que tout semblait devoir justifier,
d'un combat dont tout *l'honneur* devait
lui rester.

Dans l'insuccès, les circonstances les
plus insignifiantes sont passées au creuset du
blâme, pendant que, dans le succès, les
plus grandes fautes sont considérées comme les émanations du génie. Le héros de
la Péninsule, que les Anglais élèvent à

l'égal de Napoléon, pourrait en dire quelque chose.

CHAPITRE XV.

Les Français étant passés au-dessus des sources de la Maye, plus large et plus profonde qu'elle ne l'est aujourd'hui, à en juger par son ancien lit, qui se voit encore pendant tout son cours, y appuyèrent leur gauche, après avoir dépassé le village de Fontaine ; pendant que leur droite se portait au-delà de Branlicourt, laissant Estrées derrière leur centre droit. Dans cette position que leur donne, comme nous

7

l'avons déjà dit, la carte générale de la
France, publiée par l'Académie, et la plupart des anciens auteurs, et qui est la seule
probable, quoiqu'en dise l'auteur du Mémoire, leur gauche, où se passa le fort de
l'action, se trouvait nécessairemment en
face des Anglais, dont ils étaient séparés par
le champ de bataille d'un petit quart de
lieue d'étendue. Vers le milieu duquel, un
peu sur la gauche des Français, au bord
du chemin de Crécy à Fontaine, se voient
encore les débris de cette croix, dont nous
avons aussi parlé, qu'on dit avoir été élevée
sur la place où succomba si vaillamment
Jean de Luxembourg, roi de Bohême; de
l'authenticité de laquelle cet auteur doute,
parce qu'il n'existe de ce fait qu'une très
vague et très incertaine tradition (1).

Si l'on ne peut se fier aux traditions plus
ou moins obscures, qu'est alors toute
l'histoire depuis l'expulsion des Romains

---

1 Note du Mémoire, p. 115.

jusqu'au XIIᵉ siècle? Une fable, un conte. Car, comment aurait-on pu l'écrire, si l'on ne s'était rapporté aux traditions? Comment les coutumes de quelques provinces de la France, notamment de celles écrites pour la première fois sous Louis XIV, sont-elles parvenues jusqu'à nous, si ce n'est par la tradition.

Elles peuvent sans doute s'être altérées dans les détails en passant de génération en génération, mais cela ne veut cependant pas dire que le fond n'en soit pas vrai, et *que la tradition est la poésie de la chaumière* (1). Dans quel poème cet habitant de la chaumière, qui ne sait ni lire ni écrire, aurait-il puisé cette poésie des siècles passés, notamment sur la bataille de Crécy, si ce n'est dans la narration que lui en a faite son père qui la tient du sien, et qui ainsi, de père en fils, d'âge en âge, est parvenue jusqu'à nous.

1 Mémoire, p. 26.

Lorsqu'on ne peut démentir ces traditions par des preuves irrécusables, nous ne voyons pas pourquoi l'historien ne pourrait s'en servir, en les dépouillant du merveilleux ou de l'absurde qui peuvent les entourer.

On aura beau vouloir placer la bataille de Crécy ailleurs que dans la Vallée des Clercs, l'habitant du lieu restera fidèle à sa tradition, qui lui a désigné cette vallée comme l'arène sanglante. Il nous la montrera sans hésiter, comme il le fera du moulin d'Edouard, de la croix du roi de Bohême et du chemin de l'armée, que prirent les Français en venant d'Abbeville.

Faites les mêmes questions au paysan demeurant à deux ou trois lieues du théâtre de l'évènement, par conséquent moins influencé que celui de Crécy par les suppositions qu'il aurait entendu faire aux voyageurs qui y affluaient, surtout depuis la restauration, et qui n'ont jamais pénétré jusqu'à lui; il vous répondra, à cet égard,

avec la même assurance que celui de Crécy,
et tous deux vous diront en même temps
que Estrées-en-Cauchie ne s'est jamais ap-
pelé Estrées-lès-Crécy, comme le veut l'auteur du Mémoire, pour soutenir une opinion
erronée, si ce n'est par corruption.

La tradition fausse ne se soutient pas
avec cette persistance. Car longtemps avant
qu'elle ne le fût par nous, la prétention des
moines de Valoires de posséder le corps du
roi de Bohême fut démentie par Martin du
Bellay, contemporain de François Ier, qui
dit, en parlant du château du Luxembourg :
« .. Au bas de la basse-cour d'iceluy, est
une abbaye en laquelle y a deux ou trois
empereurs enterrés en sépultures fort riches
et magnifiques. Pareillement y est inhumé
le roi de Bohême, qui mourut à la bataille
de Crécy, étant venu au secours du roi
Philippe de Valois, contre Edouard-le-
Conquérant, roi d'Angleterre...»

L'opinion de M. de Chateaubriand, que
Philippe de Valois, trompé par de faux

rapports, se serait porté, en sortant d'Abbe-
-ville, sur Noyelles-sur-Mer (1), n'est peut-
être pas non plus aussi dénuée de fondement
qu'on le croit, si l'on veut s'en rappopter à
ces traditions locales, que dédaigne l'auteur
du Mémoire. Elles font arriver les Français
par la route de Montreuil-sur-Mer jusqu'aux
environs de Nouvion, sans en dire davantage.

Le roi de France fut-il effectivement trompé par de faux raports, et marcha-t-il sur
Noyelles, ou voulut-il couper la retraite aux
Anglais qui en venaient et qui devaient
croiser cette route au Titre pour se rendre à
Crécy? Cette marche infructueuse fut-elle
une des causes du retard de l'arrivée des
Français sur le champ de bataille? Voilà
encore une de ces énigmes dont cette campagne est hérissée.

1 Mémoire, p. 104.

CHAPITRE XVI.

Mais pour en revenir au roi de Bohême, on est surpris de voir l'auteur de ce Mémoire, incrédule, quant aux traditions locales, rapporter sans réflexion l'anecdote historique bien moins croyable de ce roi aveugle, allant bravement combattre les Anglais, attaché entre ses écuyers, dont l'un était le sire de Bascle (1), comme le nomment les

1 D'une ancienne maison, dont fut Jean de Bascle, prévôt de Paris en 1358.

historiens de cette nation. Nous nous adressons à la bonne foi de cet auteur lui-même, pour qu'il nous dise s'il aurait ambitionné l'honneur d'être un de ces écuyers, avec la conviction du double danger d'être occis à la fois et par l'ennemi et par son maître aveugle, qui ne pouvait voir ni même entendre, au milieu d'une mêlée aussi chaude, où il portait ses coups.

Tous les jours on dit d'un myope, lorsqu'il fait quelques méprises : cet homme est aveugle, sans y attacher plus d'importance. Il se peut donc que Jean de Luxembourg n'ait eu que la vue courte; inconvénient auquel il ne pouvait remédier à une époque où les besicles n'étaient pas encore inventées.

L'historien anglais, Laurence Echard, vient à l'appui de notre supposition, en disant: «.. Le roi de Bohême n'était pas aveugle, mais borgne...» Ce que l'auteur du Mémoire semble confirmer, lorsqu'il dit, à l'occasion de l'ordre donné par Philippe de

Valois d'abattre *les appentis des maisons* de Paris à l'approche des Anglais, ou pour mieux dire les masures obstruant son enceinte, qui en gênait la défense. Ordre qui occasiona une émeute ; mais *dès qu'elle commença à gronder, le roi de Bohéme accourut avec 500 chevaux et dispersa la bourgeoisie* (1).

On doit convenir que c'eut été une singulière commission à donner à un aveugle, que celle de disperser un peuple en effervescence, dans le dédale des rues étroites et boueuses de la capitale d'alors.

Nous demandons quelle figure ferait aujourd'hui, qu'elles sont larges et sans encombre, un chef à la tête de son escadron, y dissipant un attroupement, les yeux bandés? Ce conte sur ce roi aveugle, féraillant d'estoc et de taille, nous a toujours paru de la poésie historique, qui ne vaut pas à beaucoup près celle des chaumières, qui conserve

1 Mémoire, p. 50.

au moins quelque vraisemblance.

Il est très probable que M. de Chateaubriand ne s'est pas non plus trompé, *en pré-
tant le charme de son imagination* (1) à la
relation qu'il fait de la rencontre du jeune
prince de Galles avec le vieux roi de Bohême,
l'un à l'aurore, l'autre au couchant de la
vie, qui eut pour résultat la conquête que
fit le premier sur son adversaire, de la
devise et des trois plumes d'autruche qu'il
porta depuis.

D'abord, cette devise n'est pas, comme
l'imprime sans doute par mégarde l'édi-
teur de notre grand poète : « In riech »,
mais n'est pas non plus, « Isch Diene »
comme le dit l'auteur du Mémoire qui le
corrige, et qui selon lui est du breton ou
du gallois, qu'il traduit par « le voici » *mots*
dit-il, *adressés par Edouard* Ier, *aux députés
du pays de Galles, en leur présentant son
fils aîné* (2).

1 Mémoire, p. 115.
2 Mémoire, p. 115.

Il se peut que l'orthographe de cette devise ait éprouvé des variations, jusqu'à la formation plus stable des langues et ait eu plusieurs significations. Nous pouvons affirmer que, pour le moment, elle s'écrit *Ich Diene* et qu'elle est du bel et bon allemand, qui se traduit par *je sers*.

Voici ce que dit à ce sujet François Sandfort, qui écrivait en 1677 :... « Dans le courant de l'action (à Crécy), le prince de Galles, âgé de 16 ans, triompha du roi de Bohême et s'empara de son cimier : trois plumes d'Autruche et de la devise, Ich Diene, je sers. D'autres auteurs prétendent qu'il prit cette devise dans l'Ecriture-Sainte, où il est dit, d'après l'apôtre : « Tant que l'héritier est encore enfant, il n'est point différent du serviteur... »

Comme ce passage confirme ce qui a toujours été dit, qu'il y eut combat entre ces deux champions, il faut croire que le Prince noir était trop connu dans toute la chrétienté par sa loyauté et par son esprit

chevaleresque, pour qu'il se soit permis de
frapper un octogénaire aveugle. Dans tous
les temps, un acte pareil eut flétri celui qui
l'aurait commis. Ceci plaide donc encore
pour l'opinion de la non cécité du roi de
Bohème.

Quoique ayant habité assez longtemps le
pays de Galles, pour avoir la prétention
d'avoir une connaissance superficielle de sa
langue, nous n'avons rien pu trouver dans
notre mémoire qui nous apprenne que
Isch Diene soit du gallois. Mais, peu confiant dans notre érudition, nous nous sommes
décidé à écrire à un Gallois de notre connaissance, pour qu'il nous éclairât sur nos
doutes, et voici ce qu'il nous répond «..In :
ansver to your question, whetor there are
such words in the welsh language as Isch
Diene; all I can say, is that I have examined
the different Welch dictionarias in the libra-
ry, but can find no such words there.
I have also seen M. Lewis, and he tells me,

that he knows of no such words in the language...»

Ce qui veut dire en français : « En réponse à votre demande, pour vous informer si les mots Isch Diene se trouvent dans la langue galloise, je dois vois vous dire que je les ai vainement cherchés dans les différents dictionnaires de la bibliothèque. M. Lewis, auquel j'ai soumis votre question, m'assure qu'il ne se trouve aucun de ces mots dans notre langue..»

Cette réponse est faite par un vieux Gallois, habitant Crichowell, dans le Breconshire ; qui n'a jamais quitté son comté, dont il connaît probablement mieux le langage que l'anglais, et le M. Lewis, dont il a pris de plus amples informations, est un ministre de la religion, desservant la paroisse de Hambeder, dans le même comté, où ses paroissiens ont le plaisir de l'entendre croasser un sermon en gallois, chaque dimanche de l'année ; langue qu'il doit par conséquent connaître à fond, pour les maintenir convenablement dans la voie du salut.

CHAPITRE XVII.

Que des Anglais ont affirmé, que de vieilles chroniques nationales rapportent qu'Edouard avait déployé à Crécy, pour signal du combat, le long et large ruban qui lui servait de jarretière (1), et que ce ruban fut l'origine de l'institution de l'ordre de la Jarretière ; cela ne nous étonne pas qu'il fassent

---

1 Mémoire . p. 137.

ce conte, pour surprendre la bonne foi des
auditeurs crédules. Nous savons que l'amour-
propre de ses dignitaires est peu flatté de
la véritable cause de sa création ; qu'ils
désavouent par conséquent, sans cependant pouvoir produire la moindre charte
authentique, pour appuyer ces prétendues
vieilles chroniques nationales.

Le long et large ruban, qui devait nécessairement être une jarretière monstre, une
jarretière Gulliver, servant de télégraphe
pour transmettre des ordres et des si-
gnaux dans une bataille aussi meurtrière,
eut été une des plus fameuses originalités
dont les Anglais, qui cependant ne s'en font
pas faute, aient jamais pu donner le spec-
tacle au monde.

C'est surtout depuis 1814, époque d'où
datent leurs pélerinages au champ de bataille de Crécy, pour ainsi dire oublié jusque
là, qu'ils ont cherché à faire prévaloir cette
fable. Il est certain qu'avant ce temps l'histoire et la tradition ne lui donnaient d'autre

origine que la véritable, qui est celle
de la jarretière de la concubine d'Edouard
III, pour laquelle ce roi, entier et despo-
tique jusque dans ses passions amoureuses,
sacrifia non seulement les convenances,
en en décorant ses courtisans, mais entacha
encore l'honneur d'un de ses plus dévoués
sujets, au risque de compromettre le salut
de sa couronne.

Voici ce que Ondegherst, dans ses chroniques de Flandre, dit à ce sujet : « Pendant
lesdites trefves (entre la France et l'Angleterre) s'ourdit grand différent entre ce dit
roy Edouard d'Angleterre et le comte de
Salisbury, et ce pour autant que ledict comte
avait été adverty que le roy d'Angleterre,
en son absence, et étant pour son service
empesché en l'expédition de Bretaigne,
avait mesusé de sa femme. Laquelle partant
ledict comte étant de retour, il répudia
promptement ; même pour lui venger de
cest oultrage, laissant le party dudict roy
d'Angleterre, son seigneur, se transporta et

8

fit alliance avec le roy de France, duquel il fut reçu moult humainement et aimablement, et auquel il révéla et découvrit plusieurs secrètes alliances, que ledict Edouard avait contractées avec plusieurs nobles, tant de Bretaigne que de Normandie et aultre part, desquels il montra audict roy Philippe de Valois les lettres et les sceaux. Lequel roy Philippe de ce grandement esmerveillé et irrité, fit incontinent prendre et décapiter la bonne part desdits seigneurs : messire Olivier Clitsoen et Godefroy de Malestray..... Et recommença la guerre entre les deux couronnes plus âpre et véhément que jamais...»

Comme l'intrigue du roi d'Angleterre avec cette femme, dont l'adultère fit couler des flots de sang, date d'avant la journée de Crécy, il est très-probable que cet insigne y fut porté par les principaux seigneurs anglais qui y assistaient. On ne peut au reste rien dire de positif sur l'époque de sa fondation, que Goldsmith place à l'an 1340, pendant que d'autres historiens la font remonter à 1349 ou 1350.

Si ce long et large ruban, cette jarretière oriflamme enfin, flottant sur cette multitude de combattants de la vallée des Clercs, comme signal du combat, devient le motif d'un ordre fameux, il est alors indispensable, pour compléter cette histoire, de dire que sa devise, *honni soit qui mal y pense*, en fut le mot d'ordre. Comme nous ne nous sentons pas de force pour en arranger convenablement l'à-propos dans une pareille circonstance, nous laissons à de plus intrépides conteurs la tâche difficile de l'expliquer avec quelque vraisemblance.

Au reste, il a été souvent observé que lorsqu'on questionnait à cet égard un Anglais, d'un air goguenard, il répondait toujours, s'il n'était pris à l'improviste, par son conte, un peu embrouillé il est vrai, de sa création en souvenance de cette bataille, mais si au contraire on lui faisait la même demande, sans avoir l'air de penser à mal, il disait tout bonnement la vérité, en admirant le bon goût et la galanterie chevaleresque d'Edouard envers la belle comtesse de Salisbury.

CHAPITRE XVIII.

Comme les canons sont le produit de l'invention de la poudre, que les Chinois, dit-on, connaissaient plusieurs siècles avant nous, quoique appliquée à ces armes meurtrières, au XIIIe siècle, en Europe, par son inventeur Berthold Schwartz, tous les historiens s'accordent à dire qu'ils ne furent employés à ses guerres qu'en 1338.

Ces premiers canons furent confectionnés

grossièrement, en fer battu, de plusieurs pièces, ou en tôle, clouée comme nos tuyaux de poêles, qu'on cerclait en fer de distance en distance, pour les fortifier. Il en fut fait en bois, de même cerclés en fer, qui sont ceux, dit-on, employés à Crécy, et dont les royalistes de la Lozère firent usage avec succès, en 93, dans une bataille qu'ils gagnèrent sur les républicains. On en voyait même, faits en cuir, dans l'arsenal de Saltz-bourg.

Dans un bordereau de la chambre des comptes, à Paris, on trouve, à la date de 1338, une dépense faite pour la poudre né-cessaire aux *canons* qui étaient devant Puy-Guillaume, château en Auvergne. En 1340, Jean, duc de Normandie, fils de Philippe de Valois, attaqua le Quesnoy, d'où il fut re-poussé par des *canons* et des *bombardes*. C'est la première fois que ces instruments d'un nouveau système de guerre furent si-gnalés dans l'histoire de France.

Jean Owen, anglais, inventa, en 1535,

les premiers canons en cuivre dont le calibre, instrument par lequel on mesure le diamètre de l'ouverture du canon, le fut 25 ans auparavant, à Nuremberg, par George Hartmann.

Larrey dit, dans son histoire d'Angleterre, qu'on connaissait cette arme auparavant, mais moins perfectionnée, et qu'à la bataille de Crécy, les Anglais avaient cinq pièces de canon. Ce que Mazeray confirme, en disant qu'Edouard jeta l'épouvante dans l'armée française, par le jeu de cinq ou six pièces d'artillerie, *inconnues* jusque là. Villani et Rapin-Toyras nous apprennent : le premier, que ce roi avait entremêlé à ses archers des bombardes, qu'on voit plus haut aussi s'appeler *canons*, qui causèrent tant de tremblement et de bruit, qu'il semblait que Dieu tonnait, avec grand massacre de gens et de chevaux ; et le dernier, que les Anglais avaient placé quatre canons sur les hauteurs à Crécy.

Ce qui ferait croire à la présence de cet

instrument de mort dans cette bataille, c'est
la perte énorme qu'y firent les Français,
que Michel Northburgh, témoin oculaire, le
plus modéré dans le calcul des morts, que
quelques historiens font monter à trente
mille, dit avoir été de quinze cent quarante-
deux hommes d'armes, sans compter
« communes et pédailles » et le lendemain
à deux mille de plus ; pendant que les
Anglais ne perdirent que quelques guerriers
de peu d'importance, se réduisant à une
trentaine d'hommes. Il semble moralement
impossible que cette masse de combattants
aient été occis seulement par les flèches et
l'arme blanche, surtout les hommes d'armes
garantis plus ou moins contre ces armes
offensives, par leur harnois de fer. S'il n'y
a pas eu de canons pour concourir à ce
carnage, on doit alors croire que les Anglais
invulnérables n'eurent qu'à frapper, à tour
de bras, des hommes paralysés de tous leurs
membres par quelque phénomène inex-
plicable.

Si l'on pouvait s'en rapporter au dire des historiens, on ferait la singulière remarque que le nombre *trente* était inscrit dans les destinées destructives d'Edouard III. Car il tua trente mille Ecossais à Helli-doun-Hill, fit perdre cent trente vaisseaux aux Français dans la bataille navale dont nous allons parler, et leur tua trente mille hommes ; enfin à Crécy, où Goldsmith dit qu'il commandait à trente mille hommes, il tua de nouveau trente mille Français.

Quoique, comme le dit l'auteur du Mémoire, le mot *canon* vienne du latin *canna*, fait de l'hebreu *kaneh*, qui signifie *roseau*, dont l'acception a été transportée à toutes choses creusées en manière de tube ou de *canne* ; cela ne prouve cependant pas que les caissons et les carquois, contenant les flèches des Anglais, aient la même étymologie. Car le mot *caisson* a une toute autre origine. Il ne vient pas du latin *canna*, mais bien de *capsa*, du grec καπσα, dérivé du verbe καπτειν, cacher, d'où ont été faits *caisse, caissetier, caissier* et *caisson*. Comme *carquois*, d'après Du Cange, vient de la basse latinité *carcaissum*.

Il est donc plus que probable qu'on n'a pas pris à Crécy *le contenant pour le contenu* (1), c'est-à-dire des caissons ou des carquois pour des canons, et des flèches pour de la poudre; le nom de canon ou de bombarde, adopté pour les armes à feu, étant déjà trop bien établi à cette époque, pour qu'on ait pu s'y tromper à ce point. Ces caissons et ces carquois n'eussent d'ailleurs pas servi à grand chose sur les hauteurs ou Rapin-Toyres en place quatre, et n'auraient certainement pas causé le tremblement et le bruit que leur fait faire Villani.

Il faut donc rester dans le doute, qui existe depuis si longtemps, sur la présence de canon à Crécy; seulement nous répétons qu'il pouvait y en avoir, puisqu'il en existait en France, qui servit en plusieurs

1 Mémoire, p. 103.

occasions, pendant la querelle de Philippe de Valois avec Edouard III.

On ne peut, au reste, se rendre un compte plus exact des forces respectives des deux armées, que de l'emploi du canon dans cette bataille. Sur vingt historiens que nous avons consultés, il n'y en a pas trois qui s'accordent sur ce point.

Ils varient tous, pour celles des Anglais, de seize à trente mille hommes, et pour celles des Français de soixante à cent vingt mille.

CHAPITRE XIX.

Ce qui viendrait à l'appui de ce que dit
l'auteur du Mémoire, sur les quinze mille
soi-disant Génois qui n'étaient évidemment,
comme il l'observe judicieusement, que
des Suisses ou des habitants de Genève et de
ses environs ; c'est la relation de la bataille
navale que nous transcrivons ici, qui eut
lieu, le 22 juin 1340, entre les Français et
les Anglais : « Se commit alors une rude et

cruelle bataille marine dont ouyt oncques parler, dont la victoire demeura finablement aux Anglais, et mourut en cette rencontre Hugues Quieret et Nicolas Buschet, et bien 30,000, que Français, Normands *Genevois* et aultres, qu'estoyent venus au secours du roy Philippe, encore que ce ne fut sans très notable perte du roy Edouard, lequel acapta (acheta) tant chier ceste victoire qu'il avoit, à mon advis trop plus de matière de soy douloir et plaindre d'icelle, que de grande allégresse, car il perdit en icelle la fleur de la noblesse anglaise, et bien 3,000 des plus gentils compagnons de sa troupe, aultre ce que luy même fut grièvement blessé à la cuisse...»

Il y avait donc à cette époque, comme on le voit, des Génevois à la solde de la France, habitants d'une partie de l'Helvétie, pays qui ne prit le nom de Suisse que vers le milieu du XVᵉ siècle, d'un de ses cantons, de celui de *Schwiz*, amme de la confédération helvétique. Ces Helvétiens devaient nécessairement faire partie de ces bandes connues sous le nom de *grandes compagnies ;* ramassis de toutes les nations, dont Charles V acheta ensuite les services ; et qui, à la paix, eussent achevé la ruine de la France par leurs pillages, si le connétable Duguesclin ne fût parvenu à l'en débarrasser, en les conduisant en Espagne au secours de Henri de Transtamare.

Les premiers corps réguliers sortant de ces compagnies, organisées sous la dénomination de Suisses, sous le règne de Charles VII, étaient alors encore reconnus pour d'habiles arbalétriers.

Nous ajouterons aux preuves déjà données que ces Génois ne pouvaient être que des Génevois, celle qu'ils marchaient sous les ordres du comte de Savoie. Or, ce comte avait à cette époque des possessions si considérables dans les environs et sur le territoire même de Genève, qu'il devint redoutable pour ses évêques et pour ses comtes ; craintes dont profitèrent effectivement les

Génevois pour acquérir les premiers priviléges, fondement de leur indépendance
future.

D'ailleurs, nous le répétons avec l'auteur
du Mémoire, vers l'époque de la bataille de
Crécy, les Génois, qui dans les meilleurs
temps n'auraient pu fournir l'énorme con-
tingent de quinze mille hommes, hors de
proportion avec leur population, étaient
tellement bouleversés et épuisés par leurs
propres querelles, qu'il est à croire qu'ils
n'eurent guère le loisir ou la possibilité de
se mêler de celles d'autrui.

Depuis 1317 jusqu'en 1339, le sang ne
cessa de couler à Gènes, « pendant tout ce
temps, dit l'historien Faglietta, que nous
citons d'après Bertoloti, ce noble et admi-
rable pays, devenu inculte et désert, n'offrit
qu'un aspect capable d'inspirer la terreur. »
Il n'est pas probable que sept ans après cette
horrible tourmente qui grondait toujours, les
Génois aient pu envoyer des secours de cet
mportance à Philippe de Valois. Cela paraît

d'autant moins croyable, qu'à la funeste
rivalité des Guelfes et des Gibelins, qui
avaient fomenté tous ces désordres, vint se
joindre la haine du peuple contre la noblesse,
jusque-là chef suprême du pouvoir. Haine
qui eut pour résultat l'établissement d'un
gouvernement populaire ou plutôt anar-
chique, mots synonymes dans ces sortes de
dominations. C'est alors que les Fieschi, les
Grimaldi, les Doria et les Spinola, anciens
despotes de Gènes, furent contraints de se
cacher ou de s'expatrier.

Il se peut donc qu'un Doria et un Grimaldi
réfugiés en France aient figuré à Crécy,
mais de leurs personnes seulement, avec
quelques écuyers et serviteurs, comme vo-
lontaires, sous les ordres du comte de Savoie.
Car ce ne fut que plus d'un siècle et demi
après cette bataille que les rênes de ce gouvernement populaire, qu'on ne peut supposer
avoir envoyé des secours au roi de France,
furent saisies par le grand André Doria. Et
c'est alors seulement que fut rétablie, par

des moyens que l'histoire rapporte, la paix dont son pays avait un si grand besoin, et que fut rendue à la noblesse une partie de cette prépondérance qu'elle avait perdue en 1346, époque à laquelle on la fait guerroyer en pays étranger, à la tête des quinze mille arbalétriers Génois.

Nous avons transcrit le passage d'Ondegherst en entier, non seulement pour soutenir l'opinion émise dans ce Mémoire, sur ces Génois, mais encore pour faire ressortir l'influence que peuvent avoir de bons chefs sur le sort des batailles. Il est plus que probable que celle-ci n'eût pas été perdue sous un amiral habitué à vaincre les Anglais, s'il n'eut eu le malheur de se trouver sous les ordres de l'amiral Buschet ou Bachuchet, trésorier de France « qui ne savait que faire compte » dit Froissart, et qui, au lieu de se faire tuer à l'exemple de son collègue, comme l'a cru ce chroniqueur, aima mieux se laisser prendre par Edouard qui, dans son courroux d'avoir été si mal traité, le fit pendre contre le droit des gens.

Ce vaillant amiral Hugues Quieret, qui mourut si glorieusement en cette occasion, un des plus hardis et des plus expérimentés marins de cette époque, était picard de naissance, seigneur de Tours-en-Vimeu, à trois lieues d'Abbeville. Honneur au pays qui produisit de pareils hommes.

Une circonstance qui démontre de nouveau l'instabilité des choses de ce monde, c'est que le berceau de l'ancienne et noble famille de ce navigateur célèbre, qui avait visité toutes les mers aboutissant à tous les continents alors connus, échut trois siècles après à une autre illustration, aussi picarde, mais originaire d'Ecosse; à Sanson le géographe, dont les descendants y résident encore, sous le nom de Sanson de Frière, qui fut le premier qui décrivit avec quelque exactitude ces hémisphères que le premier avait explorés.

CONCLUSION.

Quoique la plupart des historiens rapportent avec plus ou moins d'exactitude les principaux évènements de cette époque si remplie de mouvement et de faits curieux, et dévoilent les moyens employés par Edouard III auprès des puissances de l'Europe, pour qu'elles se liguassent avec lui contre Philippe de Valois, son compétiteur au trône de France, dont la loi salique l'excluait;

on est cependant surpris de voir qu'ils n'ont jamais considéré sous son véritable point de vue cette invasion des Anglais en Normandie et leur marche sur Paris, qui eut été une véritable folie, telle qu'elle est représentée, dont leur roi était incapable, si elle n'avait eu pour base quelque précédent qui pût la justifier.

Il est à présumer que l'astucieuse politique du roi d'Angleterre, qui sentait que le plus grand secret était indispensable à la réussite d'une entreprise aussi hasardeuse, leur déroba le vrai but qu'il se proposait en cimentant ces alliances parmi lesquelles la Flandre tenait le premier rang. Ce pays de marchands, qu'il s'était dévoué en y semant l'or à pleines mains, et qu'il tenait en bride par la menace de rompre ses relations commerciales avec l'Angleterre, devint le principal boulevard de toutes ses intrigues contre la France, qu'un évènement inprévu vint suspendre pour un moment.

Jacques Arteveld, ce fougueux tribun d'un peuple turbulent, pourvu de grandes capacités, qui sur une plus vaste scène eut été placé au premier rang des factieux, venait d'être égorgé par les Gantois, le 17 juillet 1345. Par cette mort, Edouard se trouva tout-à-coup privé des conseils et de la coopération d'un allié précieux, dévoué à l'Angleterre, autant par haine que par crainte de la France.

Déjà, à l'instigation de ce chef de révolte, il avait pris le titre de roi de France ; cette étrange argutie devant ménager la susceptibilité de conscience des Flamands, et les engager à reporter sur lui les traités qu'ils avaient conclus sous cette dénomination avec Philippe de Valois. Cependant, à la nouvelle de cet attentat, il se crut à la veille de voir s'écrouler l'édifice élevé par tant de soins et de sacrifices à ses vues ambitieuses. Mais ayant bientôt après réussi à renouer plus fortement que jamais, par de nouvelles largesses, des liens que cet évènement avait

menacé de relâcher, il poussa les Flamands
à recommencer avec une nouvelle vigueur
leurs hostilités contre Philippe de Valois,
pour détourner son attention du point de la
France qu'il se proposait d'entamer.

Tous ses plans ainsi bien ourdis, Edouard
se crut enfin en mesure d'entreprendre le
vaste projet qu'il méditait depuis longtemps,
qui n'était rien moins que de s'emparer
de Paris et peut-être de toute la France.

Il s'embarqua en conséquence avec une
armée d'élite, qui absorba les dernières
ressources de l'Angleterre, sur le nombre
de laquelle les historiens ne sont pas plus
d'accord que sur celui des combattants à
Crécy; non dans l'intention de cingler vers
la Gascogne, comme il le publiait bien haut
pour y retenir le duc de Normandie, qui y
assiégeait Aiguillon, avec une armée de cent
mille hommes, qu'il eut probablement l'a-
dresse d'y faire envoyer par les difficultés
qu'il sut y créer; non vers la Gascogne, mais
vers la Normandie.

Certain de ne pas avoir à lutter avec l'armée de ce fils de France, séparée par une si grande distance du centre du royaume, vers lequel il se dirigeait, et comptant d'autre part sur l'énergique coopération promise par les Flamands pour occuper Valois, il débarqua tout-à-coup à la Hogue; d'où commença sa marche lente et calculée qu'on sait, sur Paris, tout en ravageant par le fer et par le feu le malheureux pays sans défense qu'il parcourait, précédé par la terreur qu'inspiraient ses cruautés sans but réel pour sa cause.

Pendant ce temps, les Flamands, fidèles à leurs promesses et « advertis du bon et heureux chemin que pregnayent les affaires d'Angleterre en Normandie, firent une merveilleuse grand assemblée et assiégèrent Béthune, brûlant, ravageant tous les pays circonvoysins, contre lesquels néanmoins se défendirent moult bravement et magnanimement Jean de Chatillon, Geoffroy d'Avelin et le seigneur de Poukes. » (Ondegherst.)

On voit donc ici invasion simultanée des deux alliés sur le territoire français et même système de déprédation. Mais Béthune, cette pierre d'achoppement sur laquelle on n'avait pas compté, dont le roi d'Angleterre attendait la reddition pour accélérer sa marche sur la capitale, de concert avec cette « merveilleuse grand assemblée, » faisait échouer tous ces beaux projets, en se défendant avec une énergie qui sauva probablement cette fois le royaume de la domination anglaise.

Cette résistance inattendue, qui retenait indéfiniment les Flamands qui devaient venir à sa rencontre, rendait de jour en jour la position d'Edouard plus difficile. Avançant cependant toujours vers Paris dans l'attente de nouvelles plus favorables ; ne pouvant se résoudre à abandonner un plan de campagne si bien combiné, ayant coûté tant de sacrifices à l'Angleterre, il arriva ainsi à Poissy, après une marche de vingt-quatre jours, du 16 juillet au 10 août, pour faire

les soixante-dix lieues qui séparent cette ville
de la Hogue. Après quelques jours d'attente,
toutes ces illusions s'évanouirent enfin. Ne
pouvant retourner sur ses pas par un pays
ruiné par ses dévastations, dont d'ailleurs
ses vaisseaux s'étaient éloignés; à la veille
de se voir attaqué par le roi de France, il se
décide tout-à-coup à franchir la Seine; ce
qu'il eût pu faire depuis longtemps, comme
on l'a vu, avant d'arriver à Poissy, si son
intention première eût été de gagner le
Ponthieu, comme il le laissa croire, pour
sauver son amour-propre, que l'histoire
représente comme excessif, de l'aveu des
cruelles déceptions qu'il éprouvait.

Il fut d'autant mieux disposé alors à quitter cette ville au plus tôt, qu'il y apprit bientôt,
on peut s'imaginer avec quelles bénédictions
pour ses fidèles alliés, « que les dicts Flamands, entendant peu après la résolution
prise entre les roys de France et d'Angleterre de s'entre-donner bataille, et doubtant
que le roy d'Angleterre n'eust le pire,

levèrent ledict siége (de Béthune) et retournèrent chascun à sa chascune. » (Ondegherst.)

N'ayant donc plus d'espoir de ce côté là
et se voyant entièrement isolé, au milieu
d'une foule d'ennemis acharnés à sa perte,
il battit en retraite un peu plus vite qu'il
n'était venu ; ne mettant alors que neuf
jours, du 16 août au 25 du même mois, pour
faire les quarante-deux lieues qui séparent
Poissy de Crécy ; ce qui était une marche
forcée, pour le mauvais état des routes
d'alors et les rivières sans ponts, qu'il fallait
reconstruire, ou passer au gué.

Ayant, après bien des ruses, franchi la
Somme à Blanquetaque, entre Noyelles-sur-
Mer et Port, il reprit sa course, non vers le
Boulonnais, intention que lui ont supposée
quelques auteurs, où était encore l'ennemi
et où il pouvait être refoulé dans la mer ;
mais par le plus court chemin, vers ses amis
les Flamands, qui lui avaient promis « de
demourer ses alliés ensemble, de luy donner

vivres et passage par la Flandre, toutes le-
fois qu'il y voudroyt venir et passer. »
(Ondegherst.)

Enfermé à Crécy, entre la Somme et
l'Authie, il s'y retrancha pour vendre chèrement sa vie, croyant que son ennemi ne lui
laisserait pas le temps de franchir cette dernière rivière. Ce qui fut probablement
arrivé, s'il n'eut été trompé par de faux
rapports, ou s'il ne se fut amusé à Abbeville,
trop confiant dans une facile victoire.

Pas un Anglais de cette petite phalange
de vieux soldats éprouvés n'ignorait que
s'il survivait à une défaite, toute retraite
devenant impossible, il n'en succomberait
pas moins sous les coups d'habitants exas-
pérés par tous les fléaux sous lesquels il
avait aidé à les accabler. Déjà commençait
à fermenter cette haine implacable de peuple
à peuple, qui s'est perpétuée jusqu'à nos
jours, et qui rendrait aujourd'hui, par l'invention d'une foule de nouveaux moyens
de destruction, un conflit entre la France

et l'Angleterre, une œuvre certaine de
prompte ruine pour l'un ou pour l'autre
de ces pays. Qui subirait alors le sort de
Carthage dans cette moderne guerre punique?
Voilà ce que l'avenir ne peut tarder d'apprendre au monde attentif au froissement
malveillant et incessant des deux puissances
rivales.

Dans cette crise désespérée, Edouard
comprenant qu'il fallait vaincre ou mourir,
n'eut d'autre alternative que de s'acculer
tel qu'un sanglier aux abois, pour faire
tête à une meute acharnée à sa poursuite,
mais l'attaquant sans ensemble. Rassemblant
alors toute son énergie, il donna ce vigou-
reux coup de boutoir qui changea contre
toutes prévisions la destruction imminente
des Anglais en une victoire décisive, qu'on
admira depuis, avec tout son cortége d'exagérations et d'invraisemblances, comme
l'œuvre du plus grand génie militaire de
l'époque.

Ce qui ferait cependant croire que les

Anglais ne furent pas aussi invulnérables à Crécy que les flatteurs d'un vainqueur redouté ont pu le dire, c'est qu'à cette époque déjà, la position de l'Angleterre, malgré ses victoires, était au moins aussi fâcheuse que celle de la France. Ce royaume se trouvait alors tellement épuisé d'hommes et d'argent par les nombreux subsides qu'Edouard en avait tirés, qu'il se vit dans l'impossibilité d'en voter de nouveaux après la bataille de Poitiers, livrée à la suite d'un armistice d'environ dix ans, pendant lequel il eut pu guérir ses plaies. Cet épuisement était devenu tel, dit Goldsmith entre autres historiens, « que les Anglais, hors d'état de tenir une armée en campagne, perdirent successivement et pour ainsi dire à petit bruit, des conquêtes qui leur avaient coûté *beaucoup d'hommes* et d'argent. »

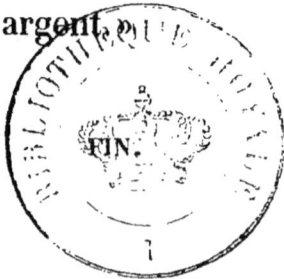

FIN.

Abbeville. — Imp. T. JEUNET.